Chicana/o Latina/o SRC
5154 State University Dr., LA, CA 90032
250 PON / Paseo De La Reforma

Paseo de la Reforma

ELENA PONIATOWSKA

Paseo de la Reforma

AVE FÉNIX / SERIE MAYOR

PLAZA & JANÉS

Diseño de la colección: A.M.3
Diseño de la portada: Trilce editores
Fotografía de la portada: Archivo Casasola

Primera edición: noviembre de 1996
Segunda edición: enero de 1997

ISBN 0-553-06062-7

Composición tipográfica: *Grafitec*, Pedro Luis García

Impreso en México / *Printed in Mexico*

Distributed in U.S.A. by Bantam Doubleday Dell

A Paula Haro, mi hija,
mi amor.

Agradezco a Paula Haro y a Héctor Díaz Polanco la primera lectura de esta novela, a Luis Enrique Ramírez la segunda y a Juan Antonio Ascencio la corrección final que enriqueció el texto, gracias a su experiencia como extraordinario maestro y tallerista literario.

Para esta nueva edición, agradezco a mis amigos José Emilio Pacheco y Carlos Monsiváis sus atinadas sugerencias. Y a Juan, otra vez.

1

También aquí, en el último piso del Hospital Inglés, Ashby estaba cerca del cielo. Los relámpagos vistos desde la ventana lo herían de nuevo. Por la cabeza del joven pasaba siempre la misma imagen que lo hacía sufrir, la del momento en que la descarga eléctrica lo paralizó con un dolor tan atroz que pensó: "Ésta es mi muerte".

Lanzado por la propia fuerza de la corriente, Ashby, sin embargo, pudo llegar al baño de la azotea, empujar a Melesio el mozo y meterse en la regadera. Cayó hincado. No sentía los brazos pero los levantó ofreciéndolos al agua. Desde la puerta, la nana Restituta, las recamareras, el portero Miguel que oyó la descarga en el jardín, lo miraban aterrados.

—Qué feo quedó.

—Se va morir.

De su cuerpo salía humo, su piel era un amasijo de sangre y agua purulenta. Miguel se persignó:

—Hay que llamar a la Cruz Roja.

Quisieron quitarle la camisa. Ashby ayudó a extraer sus brazos de las mangas todavía humeantes.

La lavandera explicaba llorosa:

—Se me voló una camisa y como el niño Ashby es muy buena gente y muy deportista lo fui a buscar a su recámara y le pedí que la alcanzara. Subió a la azotea, agarró una varilla de cortinero, desdobló un gancho para alargar la varilla pero no pensó que allí estaba el cable de alta tensión. La corriente jaló el alambre. El brazo del niño Ashby quedó pegado, bajo mis ojos.

Restituta gritaba:

—¡Niñooooooo, por Dios, niñooooo!

Al verlo paralizado, la vieja Restituta comenzó a pedir auxilio con alaridos de dolor. Rompían el corazón. Al escucharlos, las recamareras acudieron corriendo y con las manos juntas invocaron al cielo azul, a las nubes, a todos los santos.

—Dónde que los señores no están, dónde que los señores no están —repetía la nana.

La Cruz Roja llegó, Ashby no quiso acostarse en la camilla y subió a la ambulancia por su propio pie. Sentado, dejó colgar sus largos brazos y echó la cabeza para atrás. Cuando un enfermero intentó doblarle el brazo izquierdo, un grito de dolor llenó la carrocería blanca.

—Ahora mismo vamos a inyectarlo para quitarle el dolor. Aunque usted no quiera, tenemos que reclinarlo para ponerle suero.

Otro grito salió de su garganta, que también sentía

achicharrada, cuando el camillero lo acostó. Entonces, el segundo camillero cerró la puerta de la ambulancia y Ashby no pudo ver ya el cielo azul al que las muchachas habían invocado, ni la cara bien amada de la nana Resti, a quien escuchó implorar:

—Déjenme ir con él, háganme un campito, no sean malos.

Obviamente no se lo hicieron: estaba solo.

El infierno empezó en la Cruz Roja. Le lavaron el pecho y los brazos con una solución salina e Isodine que le arrancó aullidos de animal.

—¿Qué le pasó en las piernas, joven? La derecha ya viene mal de por sí.

—Hace cuatro años se me cayó un caballo encima.

—Aquí sólo podemos tenerlo esta noche. Mañana lo cambiamos al Obrero; allá atienden quemados.

—¿Qué cosa es "el obrero"?

—Un hospital del gobierno.

Ashby pensó que sus padres se horrorizarían al saberlo en un hospital estatal pero no tuvo ya energía para la protesta. ¿Qué más daba? Toda su fuerza la había gastado en los primeros momentos de su electrocución. Ahora estaba en manos de médicos y enfermeras. Que hicieran con él lo que les diera la gana. Además, ellos no eran sus sirvientes.

En el Hospital Obrero, lo primero que hicieron después de obligarlo a esperar durante un par de horas fue quitarle los vendajes y repetir el tratamiento de la Cruz Roja: agua e Isodine. Ashby no pudo refrenar sus lágrimas ni sus gritos. Ahora sus lamentos se entremezclaban con otros y desde su sitio en "Urgencias" fue testigo de casos mucho peores que el suyo. ¡Cuánto abandono, cuánta carne supurando, cuánta piel como papel quemado, cuánta miseria humana! En el límite del sufrimiento —el suyo y el de los demás—, no tuvo gran conciencia del instante en que lo trasladaron del quirófano a un dormitorio para diez.

Una sed intolerable lo despertó. Pidió agua. Una enfermera con cara de general de cinco estrellas le espetó:

—No puede tomar agua.

—Siquiera mójeme los labios…

—Imposible, podría pasársele una gota.

—Es que ya no aguanto la sed.

—Ni modo, son órdenes superiores, va a volver el estómago y luego a mí me llaman la atención.

La enfermera salió y, sin más, Ashby se incorporó jalando sus sondas y fue hacia la jarra de agua. Casi se la terminó. El alivio fue instantáneo. Nada pasó. A los dos días, cuando le preguntó a la misma enfermera si podía sentarse porque ya era insoportable el dolor de espalda, escuchó de nuevo un "no" rotundo. Sin más, y ante sus ojos iracundos, el muchacho se sentó al borde de la cama. Obviamente Ashby no tenía la docilidad de los demás pacientes, quienes ni por asomo se atrevían a infringir una orden.

Preguntaba para qué era la pastilla blanca, por qué la amarilla, qué contenía la roja, y cuando el dolor lo doblaba hacía lo que, de acuerdo con su muy personal diagnóstico, pensaba iba a aliviarlo. Dormía, eso sí, boca arriba, siempre en la misma postura, inmóviles las piernas de donde le extrajeron piel para los injertos.

El contacto con los enfermos y sus familiares significó para Ashby un descubrimiento. El de la cama izquierda, Eulogio Castillo, "don Lolo", un cocinero de fonda a quien le estalló el bóiler en la cara, era estoico. Con la cabeza vendada en su totalidad, salvo dos orificios en los ojos, uno en la nariz y uno en la boca, decía:

—Gracias a Dios y a la Virgen Santísima no perdí un ojo ni un güevo ni el pito.

La enfermera lo reconvenía:

—Cállese, don Lolo, no sea usted pelado.

El de la derecha, un sesentón repartidor de gas, hablaba como profeta. Voló por los aires en el momento de la explosión de Unigas A.C. de C.V. Don Eleazar Quintero era devoto de Moctezuma y discurría hasta en torno a lo que comía el emperador: más de trescientos platillos y cincuenta jarros grandes de buen cacao con mucha espuma batido con molinillo servido por cuatro mujeres.

—¡Ya chole, pinche viejo! —le gritó un día un muchacho al que todos llamaban "El Gansito". Su "mona" de cemento PVC ardió como antorcha cuando un colega suyo le aventó encima el cerillo con que prendió un cigarro de mota. La llamarada le quemó el pecho y las manos.

—Bueno hubiera sido que se te achicharrara el hocico, grosero —murmuró don Lolo.

Una tarde, en el corredor, se escucharon gritos:

—¡Pero cómo va a entrar, muchachita, mire usted cómo anda!

Los enfermos vieron azorados a una criatura andrajosa que se abría paso a empellones.

—¡Ahí les va la poderosa, cabrones! ¡Pinche Gansito, ven por mí, güey!

Se aferró a la cabecera de la cama. Ya no hubo poder humano capaz de moverla de ahí.

—¡Ni hablar, mujer, traes puñal!

—Pos qué te hicieron, manito, mira nomás cómo te dejaron. Dime quién fue pa' ponerle en su madre.

—Ya cálmate, pinche Carimonstrua, estás espantando al personal.

"La Carimonstrua" se llamaba aquel híbrido de "La Tostada", "La Guayaba", "La Pintada" y todas las heroínas de *Nosotros los pobres* y *Los de abajo*, que de pronto abandonó su agresividad inicial para sentarse junto al Gansito y hablarle quedo:

—Ya, ya pues, si sabes que soy tu vieja. Dime qué se te antoja pa traértelo. ¿Cómo te tratan estos payasos, mi rey?

Al despedirse preguntó a las enfermeras:

—Y aquí ¿cuándo es la visita conyugal, manitas?

Ashby quedó deslumbrado ante la visión de aquella pareja. El amor surgía de la más sórdida caverna y lograba embellecer el pabellón entero.

La familia de don Lolo se dejó venir en pleno, aunque entraran de uno en uno, puesto que sólo daban un pase por paciente. La madre, muy pronto, llevó una imagen del Sagrado Corazón y la colocó en la cabecera de la cama, luego una del Niño de Atocha, luego una repisita con veladoras. Ni los médicos ni las enfermeras dijeron nada, al contrario, ellas se persignaban antes de darle a Eulogio el "pato". Don Eleazar, ateo jurado, no se atrevió a protestar y aun pidió que rezaran por el regreso del penacho de Moctezuma.

Al ver que su comida se enfriaba en la mesa, una de las dos hijas de don Lolo le ofreció a Ashby:

—Vengo todos los días a darle de comer a mi papá. ¿No quiere que le dé a usted también?

Genoveva se llamaba. Le contó:

—Trabajo de muchacha aquí arribita, en Las Lomas.

A Ashby empezó a darle gusto que los enfermos creyeran que la nana Restituta era su madre. Resti se habría echado como perra a sus pies o debajo de la cama noche y día envuelta en su rebozo, pero Ashby la despachaba al mediodía. Paulatinamente comenzó a sentir a sus compañeros del dormitorio como familiares. Comían lo mismo, los curaban igual, reían al unísono. En la noche, su respiración se confundía, también sus ronquidos y de repente hasta sus sueños se cruzaban en medio de aquel murmullo inarticulado. Ashby, desde niño acostumbrado a tocar a la puerta de sus padres que afirmaban que la familiaridad es de mal gusto, no salía de su asombro ante el amor de estas familias, su calor de cachorros que se husmean y lamen mutuamente sus heridas, recargados unos contra otros, buscándose. Lo conmovía su inocencia. Creían en los médicos como en Dios padre: un poder al que los hombres le rezan en caso de desgracia. "Dotorcito", les rogaban besándoles la mano. Los jóvenes practicantes se sustraían: "Por favor, señora, no haga eso".

Desde el primer momento, Ashby se singularizó por contestatario.

—¿Para qué me quieren cortar el pelo? No hace falta.

Lo dijo con tanta autoridad que el peluquero se siguió a la cama de junto. Dejaba comida en su charola, cosa jamás vista en el Hospital Obrero. Una enfermera le comentó: "Por lo visto, usted no es un muerto de hambre" y Ashby se sonrojó por él y por los demás. Optó por pasarle la gelatina o el arroz con leche a don Lolo, a quien siempre le quedaba un huequito. Nunca se le ocurrió pedir una habitación aparte porque desde el primer día el "cómodo" y el "pato" lo unieron a los demás. Recordó aquel finísimo dicho: "En este mundo matraca, de cagar nadie se escapa, caga el cura, caga el Papa, y hasta la mujer más guapa deja su montón de caca". Los humores de los demás y hasta sus evacuaciones eran las suyas. Sus vidas le resultaron fascinantes y cuando le preguntaron por la suya la contó viéndose a sí mismo desde lejos, feliz de inventarse por primera vez y de lograr con tres trazos un personaje que a todos resultaba creíble. Narró que su empleo de mozo de caballeriza lo había llevado a acompañar al patrón, campeón de salto, a numerosas competencias ecuestres a Europa

18

y a Estados Unidos. Explicó con alborozo cómo eran los concursos. Los caballos "Classic Touch" y "Montana" cruzaban el Atlántico en un avión especialmente acondicionado, él los cuidaba en el aire y se preocupaba al ver sus orejas gachas. Quién sabe, a lo mejor viajaban felices recordando que alguna vez fueron pegasos.

—¿Qué son pegasos?

—Caballos con alas.

—¡Ah, sí!, como el del aceite para coches.

Corceles alados eran en la pista, volaban sobre los obstáculos, sus cascos encogidos, castigados por el patrón y su mano maestra. Una vez, durante una tormenta, "Montana", espantado por los rayos, relinchó, dio de coces contra el fuselaje y resultó tan difícil domeñarlo que el piloto amenazó con darle un tiro. Finalmente se tranquilizó con una inyección. No era bueno inyectar a los caballos de concurso, tampoco era bueno inyectar a los hombres superiores como el patrón, sacarlos de su cauce, contrariar su naturaleza. Purasangre, el amo lo era por nacimiento, sus antepasados cuidaron siempre sus cruzas y alguna vez, cuando un tataratío cometió un desliz, la india yaqui con quien tuvo la temeridad de arrejuntarse renovó la raza y sus hijos nacieron dueños de una belleza excepcional.

El patrón y "Classic Touch" eran los favoritos, juntos habían ganado en Luxemburgo, en Wiesbaden, en Barcelona con cero faltas y un tiempo inmejorable. Al patrón le llovían los convites de todos los continentes para competir, pero nada le gustó tanto como acompañarlo a la India y ver su recorrido limpio frente al Maharajá que le daba al patrón un trato de príncipe y a él, el mozo, una recámara palaciega. "¡Qué mujeres, amigos, qué mujeres y con qué gracia bailan y le sirven a uno!"

—¿Qué es eso de Maharajá?

Ashby se lanzó a narrar un cuento de *Las mil y una noches* tan fabuloso que todos se colgaban de sus palabras. Describía los aposentos bajo los arcos, las piezas de agua, los manjares, la música, y se sorprendía a sí mismo con la forma en que llenaba el espacio vacío del dormitorio común. Las más bellas cortesanas, cubiertas de oro y de velos, con ombligos enjoyados, danzaban ante el Maharajá y metían sus manos en el cofre de los tesoros. Ninguno en el dormitorio era ya un despellejado, un desollado vivo, un hombre vuelto hacia fuera.

—Usted sí que sabe contar cuentos, maestro. ¿Cómo se llama su patrón?

—A… A… Adalberto.

—¿Y usted se llama Ashby?

—Sí, más fácil, ¿verdad?

Ashby, exaltado por su relato, reconstruía su propia vida. Verse a sí mismo como otro, examinarse, analizar su estirpe, su raza, elaborar juicios de valor acerca de su existencia, lo hacía entrar a un mundo nuevo, a una tierra perdida en el océano que apenas ahora descubría.

A los diecinueve años, las únicas certezas de ese

personaje que ahora llamaba "el patrón Adalberto" eran las de su nobleza equivalente a la de sus caballos. Tenía los mismos privilegios de casta y de pureza. No podía imaginar una vida sin montar. Lo primero que le preguntó al médico fue eso: "¿Podré montar?".

Cuando el joven Adalberto logró en Inglaterra el mejor tiempo sin un solo derribe, colocándose así entre los tres jinetes sin faltas a la primera vuelta, cuando sólo faltaba el desempate que se convertiría en triunfo, él, el caballerango, vio desde la barrera la espantosa secuencia en cámara lenta de "Classic Touch" al resbalar y caer encima del jinete.

Entonces cambió por completo la suerte del riquillo.

—Ya ven ustedes, la vida da muchas vueltas —sentenciaba Ashby. Los entretenía con su historia.

—¡Qué bonito, qué ganas de salir a montar aunque sea un perro! —decía El Gansito y todos tenían sueños eróticos con las odaliscas del Maharajá cabalgando a pelo desnudas. Para los internos, Ashby era un bálsamo, porque la etapa más intolerable después del ardor en la piel quemada es la formación de la costra. La comezón tortura y a muchos enfermos había que amarrarles manos y pies a la cama. "Si se rascan, echan a perder el proceso de recuperación", les repetían. Don Eleazar, siempre tan prehispánico, recordaba:

—Así sufrió en la parrilla nuestro emperador Cuauhtémoc.

El Gansito contestaba llorando:

—Cállese, porque si no pongo a sufrir igual a su chingada madre saliendo de aquí.

Ashby proseguía su relato. Al "Classic Touch" le tuvieron que dar un balazo en la frente porque a los caballos estropeados los matan.

—Siquiera me lo hubieran dado a mí para el menú de la fonda —se lamentó don Lolo.

El patrón estuvo mucho tiempo en un hospital. Los médicos no aseguraban que volviera a caminar, mucho menos montar. Con el corazón en los talones, él, el caballerango, regresó a México acompañado del "Montana". ¿Por qué tenía que haberle sucedido eso al patroncito?

—Pobre de su santa madrecita de él, lo que habrá tenido que sufrir cuidándolo —comentó Eulogio.

—Para nada. Ella, como la mayoría de las ricas, delega sus obligaciones en los demás.

—¿En quiénes?

—En la nana, en la muchacha, en el chofer.

—¿Y entonces ella qué hace?

—Juega baraja con sus amigas, va a misa, asiste a velorios, da pésames, organiza comidas y cenas, dirige la casa.

Veía Ashby a sus padres con una mirada nueva. Podía juzgarlos de acuerdo con esta otra familia que le brindaba una atención fervorosa.

—Y tu patrón, el joven Adalberto, ¿por qué no te viene a ver?

—Anda fuera de México, si no ya estaría aquí. De todos modos, la mera verdad, es egoísta como todos los ricos y un poco fifí.

—¿Qué es eso?

—¿Fifí? Roto, catrín, niño bien.

¡Qué descubrimiento criticarse a sí mismo, verse desde los ojos de su caballerango! Nunca se sintió tan lúcido, tan objetivo. Además, la reacción de sus compañeros de dormitorio lo intrigaba. Inconscientemente, Ashby supo que los apabullaría con su relato, pero confrontó una forma humana de reaccionar mucho más vital e irreverente que la conocida. Su antisolemnidad lo hacía avanzar por un camino insospechado.

Pasaron diez días antes de que Richard y Mina Egbert, recién llegados de San Francisco, se presentaran en el Hospital Obrero. Lo primero que hicieron fue sacarlo de allí y llevarlo al Hospital Inglés, el ABC, donde lo operaron de nuevo. Los injertos de piel tomados de sus muslos no habían pegado. La curación cada dos días era un descenso al infierno. Quitarle los vendajes y lavarle con Isodine la carne sin piel le provocaba un dolor que iba más allá de sus fuerzas. Aislado en una suite verde hospital, Ashby extrañaba el Obrero. Recordaba a sus compañeros y a las enfermeras, incluso a la bruja represora que le preguntaba con furia: "¿Qué quiere?", a diferencia de otras venaditas sin pretensiones que inquirían compasivas: "¿Le duele mucho?", "¿Le sobo?".

Al cambiarlo al Hospital Inglés, los padres de Ashby no se dieron cuenta de que le hacían un daño. Ashby cayó en la depresión. Había vuelto a ser el hijo de los Egbert. Imposible tener trato con la puerta cerrada de los enfermos de los cuartos vecinos. Las enfermeras, impersonales, no hablaban de sí mismas. Su sonrisa de almíbar era de oficio. El entusiasmo y la jovialidad de los médicos almidonados que entraban cada mañana lo sacaban de quicio: "¡Qué bien nos vemos hoy, qué buena cara!". Pensaba en la expresión que pondrían al oír al "Gansito" responder:

—No estés chingando, cabrón.

Extrañaba el ambiente de vecindad del hospital de gobierno. Aquí no tenía modo de seguirse inventado. Era el señorito Egbert que se quemó en la azotea por responder al llamado de una criada estúpida. Los días se volvieron insoportablemente largos.

Su padre, un gigantón jovial que todavía criaba caballos purasangre en su rancho "El rosal enfermo", traía el sol sobre sus hombros pero también el estiércol, la pista, el fuete, las herraduras, las crines al viento. En realidad, a quien le hubiera gustado conocer era al caballerango salido de su imaginación, pero ya ni siquiera recordaba su nombre. Se dio cuenta de que él pertenecía a la estirpe de los que no ven a los meseros, ni a los choferes de taxi, ni a los vendedores ambulantes, todos tienen al cabo un mismo rostro, como los negros, como los chinos, como los indios.

Su madre, después de cambiarle la sábana de arriba por una con el monograma de los Egbert, extendía sobre su cama revistas insulsas y carísimas con modelos de Courrèges y Christian Dior: "Mira, ¿qué te parece algo así para la boda de los Lascuráin?". Se quejaba de que no había nadie en México por ser

24

época de vacaciones. "¡Qué aburrido, no sabes! Por eso no vienen a verte, todos se fueron a sus ranchos". Una vez se rompió la uña: "Tengo que ir al salón a que me la peguen. No puedo andar así". Su padre, con sus trajes bien cortados y su hablar directo, le era más agradable que la frivolidad materna; sin embargo, la visión de su madre, guapa y perfumada entrando todos los días con la pregunta "¿Qué tal dormiste?", lo satisfacía sobre todo porque una enfermera gorda murmuró:

—¡Qué requetebuena está su mamá de usted!

Pero ni Mina ni Richard suplían la falta que le hacían don Lolo, Genoveva, don Eleazar, El Gansito, La Carimonstrua y hasta la enfermera enojona. Al ver su tristeza el día de la despedida, don Lolo lo había consolado:

—Al cabo a nosotros también nos van a dar de alta. Aquí tienes mi dirección, Ashby.

Genoveva, con la mansedumbre de sus ojos de azúcar quemada, le dio la de su trabajo en Las Lomas. Ashby se hizo tonto para que no descubrieran en él al fifí del Paseo de la Reforma y les dijo que él los buscaría. Dispuesto a cumplir, se preguntaba: ¿cuándo?

2

Al salir del hospital, la Ciudad de México le resultó extraña. Era otro país o nunca la había conocido. Lo primero, claro, fue subirse a un caballo. No al "Montana", a otro, árabe, porcelano y casi transparente como el vodka y que obedecía al nombre de "Wiborowa".

Su olor, su pelambre sudada, sus orejas alertas, la espuma en sus belfos, las riendas y el albardón gastados por él, amoldados a la forma de su trasero y a sus manos, lo reconciliaron consigo mismo, aunque al lanzarse al galope se dio cuenta de que sus piernas ya no lo apretaban como antes. "¡Ay, mi Wiborowa, ya no soy tu jinete!" Sin embargo se sentía mucho mejor a caballo, sus humores confundidos con los del animal, que a pie. El caballo le confería una apostura que ya no le daba el cuerpo. La propia Mina se lo dijo:

—¡Qué bien te ves!

Solía explicar en las reuniones: "Mi hijo es un verdadero *casse-cou*. Hace cuatro años tuvo una terrible caída de caballo y ahora acaba de electrocutarse". Si la primera vez había perdido estatura, la "achicharrada de la azotea", como solía referirse a su accidente, lo hizo eliminar las camisas de manga corta y reducir su opción a otros deportes: el tenis, el golf. El "Wiborowa" le confería una seguridad que perdía al entrar a los salones. Ya no era el muchacho alto y fuerte que partía plaza. Se debatía con sus extremidades de trapo.

Su gente también había cambiado. Después de las exclamaciones de circunstancia: "¡Qué bueno que salvaste la vida!" "¡Qué rico verte!", Ashby se dio cuenta de que jamás podría tener con ellos una conversación que le interesara. Lo escuchaban con una condescendiente amabilidad hablar de Thomas Mann y alguna bella amiga de su madre le sonreía: "¡Ah, qué literato te nos has vuelto, muchachito!" y con alivio pasaban a los *faits-divers*. Salpicaban sus frases, casi siempre previsibles, con palabras en francés y en inglés. "Por un *surmenage* me dio un *nervous breakdown*." "*Parlons en français à cause des domestiques*", advertían cuando tocaban el tema del dinero. Nada fuera de su mundo era digno de contemplarse. La preeminencia de esas familias era incontestable: autoridad social, poder económico y talento discursivo. Sus ideas adquirían prestigio sólo por ser suyas y la imposición forzada de la cultura de occidente permeaba no sólo la arquitectura, el mobiliario y la moda, sino que se estrechaba cada día más ahondando la brecha que los separaba de la "indiada", los que acuden como perros al llamado del amo.

Hasta el día de su segundo accidente, Ashby no había tenido ojos sino para los caballos. Después de la electrocución, con su nueva piel, podía ver a los mexicanos caminar por la calle o atrincherarse en La Merced tras de su mercancía, y sentía por ellos la curiosidad que le despertaron en el Obrero sus compañeros de dormitorio. Ofrecían en el mercado: "Pruebe, güerito, ande, pruebe sin compromiso" y le tendían una rebanada de melón perfumado, una media naranja, un cuarto de manzana de Zacatlán. Lo mismo que en el hospital, se daban el lujo de regalar lo que a ellos les hacía falta. La marchanta le obsequiaba un durazno así nomás. Sus ojos brillantes anunciaban una historia que Ashby hubiera querido conocer. Al heredero Egbert le dio un vuelco el corazón. ¿Cómo era posible que no los hubiese visto antes si toda su infancia y su adolescencia habían transcurrido en México?

Lo difícil era no discurrir acerca del sufrimiento.

—Mamá, el sufrimiento es universal.

—Sí, pero no hables de ello. Aquí eso no se usa.

—Pero si todo mundo ha sufrido.

—Sí, pero no lo dice.

—El dolor no es único, es de todos, mamá.

—Todos quieren olvidarlo, Ashby, no insistas. Conserva tu buen gusto, hijo.

En las recepciones Ashby nunca habló del dolor que presenció en el hospital de Londres, en el Obrero, en el Inglés. Y sin embargo, su dolor había cavado en profundidad, un dolor agudo y temporal, porque nadie, ni siquiera los enfermos crónicos, ni siquiera los que mueren poco a poco sufren constantemente. Siempre hay una tregua. La cuchillada del dolor abría su carne y Ashby conjuraba todas sus fuerzas para no retorcerse llorando a gritos. Claro, eso no se lo podía decir a sus vecinos de mesa inclinados sobre sus godorromos achafaldranados. También él, para tolerar el dolor, recurrió a sus antecedentes culturales, a los psicológicos, a lo que dicta la costumbre, a su buena educación, al control de sí mismo inculcado desde niño, pero nada le ayudó más que compartirlo con los quemados del Obrero. Ahora un parapeto de cubiertos de plata, de manteles de lino bordado y de cristal de Bohemia se elevaba entre él y los sentimientos. El joven se conformaba con levantar la copa y beber su cáliz sin dividirlo. Fue entonces cuando la calle comenzó a llamarlo. ¿O no fue la calle?

Una tarde, en la biblioteca, escuchaba el *Titán*, de Mahler, y desde la ventana de su casa veía la acera con melancolía cuando de repente pasó un muchacho que le pareció era El Gansito. Salió destapado a alcanzarlo. Caminó dos cuadras por el Paseo de la Reforma y no lo encontró. Se detuvo frente a la casa de los Corcuera y hasta entonces pensó: "¿Y si alguien me ve con El Gansito, qué digo?". Ese "alguien" era para Ashby uno de "Los Trescientos y algunos más" que el Duque de Otranto usaba como material de los sueños para su columna de "Sociales" en *Excélsior*.

Para esos "alguien" Ashby se vestía con sacos de *tweed*, camisas y pijamas de seda con sus iniciales bordadas en azul por unas monjitas de Tlalpan, pantalones de franela gris, cinturores de Ortega. Para esos "alguien" iba a La Votiva los domingos, pertenecía a distintos clubes, era parte del clan de los que viven de sus rentas y reciben en su casa los informes del apoderado que vigila sus bienes raíces heredados de sus padres. "Alguien" regía su vida; "alguien" lo veía sentarse a la mesa; "alguien" inspeccionaba el nudo de su corbata; "alguien" vigilaba su entrada al salón, escogía sus amistades, sus menús, sus novias, la marca de su whisky y de su desodorante. El Gansito, La Carimonstrua y todos los del Obrero tenían un único lugar posible: la calle, un mundo infinitamente más vasto que aquel que lo atrapaba.

A partir de ese momento a Ashby le dio por la calle. Más bien, reconoció un impulso primario, aquel grito infantil:

—"¡Calle! ¡Calle!"

—No niño, no, usted no.

—¿Y por qué tú sí, Resti? ¿Por qué todos sí?

Mina tenía la respuesta:

—La calle es para los pelados.

Resistir, él tenía que resistir como ellos, los de a pie, que se mantenían vivos de milagro. Él también era un milagro; caminaba entre ellos cuando todos habían predicho lo contrario. Su torpeza al levantar una pierna y luego otra lo asemejaba a esa masa para la cual también la vida era difícil. Giraban en torno a un solo fin: la sobrevivencia. La calle olía a cebolla, a fritanga, era tan familiar que los pájaros esperaban sus migajas en el suelo como si fueran perros. Pájaros perros sentados al sol en la acera. Mina detestaba los olores: "Dios mío, es intolerable, toda la casa huele a coliflor". A la casa del Paseo de la Reforma no podían entrar los nardos. "Tengo una nariz muy sensible." Su madre adivinaba las fragancias. Desconocía el aroma del sándalo, del almizcle. Olfateaba a los demás para ubicarlos. Era conservadora. Vetiver para los hombres. "No, no, Eau sauvage no, por favor." Guerlain para las mujeres. Su cuerpo entero desodorizado, rasurado, extra protegido, disminuidas sus imperfecciones por acondicionadores e hidratantes de reparación profunda, Mina había olvidado el atardecer en que Richard Egbert la revolcó entre las patas de los caballos. Tampoco quería recordar que todas las mujeres ansían el abrazo de un guardabosques al menos una vez en la vida.

Ashby se mezclaba entre ellos a sabiendas de ser un extraño. Sus lazos con la tradición no eran los mismos que los de esa multitud en la que él pretendía confundirse. Podía romper cuanto lo ataba, ellos no, porque habrían cercenado sus raíces. Él ¿tenía raíces? Los vínculos de su familia con México eran casi coloniales. México les permitía vivir gran parte del año en Europa. Sus padres recibían sus rentas y los surcos de maíz y de frijol los alimentaban, pero ellos no sabían ni cómo se sembraba ni quiénes sembraban. Sus fortunas, como sus caballos, provenían de sus haciendas y del trabajo de sus agradecidos peones, un montón moreno, montón de manta, de paja.

Él era un Egbert, era un poderoso. Levantar la cabeza le era natural. Entre los de a pie, Ashby se sabía capaz de insubordinación: ellos se deslizaban con la cabeza gacha. El poder no era asunto suyo, tampoco la intransigencia. Ciertos adjetivos no habían sido escritos para ellos. Una vez, en Londres, en el Lister Hospital a raíz de su caída, el médico Alvin Whitehead le contó de un presidente de la República que pidió "un baño de multitud", claro, en medio de sus guardaespaldas. Ashby ahora se daba ese baño de multitud para luego regresar, leal a su linaje, a su casa con buhardillas y aleros para la nieve en el Paseo de la Reforma, en contraesquina a la de los franceses Guichard.

La larga, la maravillosa avenida del Paseo de la Reforma culminaba en el castillo de Chapultepec custodiado por los árboles gigantescos. Camino real, resultaba fácil imaginar a Maximiliano y a Carlota descender en su carroza para ir a misa a catedral. Maximiliano hacía juego con la estatura imperial de los sabinos. Las glorietas eran un descanso dentro del trazo recto —lo redondo suele ser afable y sabe acoger— y, desde El Ángel hasta la glorieta de Carlos IV, Richard Ashby invitaba a su hijo a hacer *footing*, ida y vuelta, respirando hondo el buen aire bajo el cielo más transparente de América.

A Ashby le encantaba caminar sobre la tierra suelta en el gran paseo antes recorrido por los cascos de los caballos. Le tocó verlos de niño, jinetes y amazonas bajo los inmensos ahuehuetes. Era también pasarela donde se lucían los últimos modelos en botas, casacas y hasta fuetes. Los Amor, los De Lima, los Burns, los Escandón, los Corcuera, los Limantour, los Souza habitaban las casas con jardín, zaguán y puerta de servicio para los criados y los proveedores con sus canastas de rábanos, coles y lechugas. Se iban por la acera sur y regresaban por la acera norte, cuyos guardianes, estatuas fundidas en bronce, hacían las veces de "sereno". Con la gallardía de su *walking stick* su padre le señalaba a Ignacio López Rayón, que ayudó a Morelos, ahora sobre su pedestal, su perfil levantado hacia la eternidad. A Ashby le fascinaban Hermenegildo Galeana, quien combatió en el sur a favor de la Independencia, y Guadalupe Victoria, que así se puso Félix Fernández para rendirle homenaje a la Virgen de Guadalupe y conseguir la victoria. Francisco Zarco, el periodista y ministro de Juárez, e Ignacio Ramírez "El Nigromante" eran sus favoritos porque escribieron, y aunque Richard Egbert apresuraba el *footing* frente a Fray Servando Teresa de Mier, cerca del University Club, a Ashby le gustaba repasar con los ojos los suaves pliegues de su sotana. "Con sólo caminar por el Paseo de la Reforma aprendes historia de México —le decía Egbert Senior que punteaba—: Inhalar, exhalar, adentro, afuera, adentro, afuera, no pierdas el paso, no te distraigas, endereza la espalda, cuida tus hombros, aquí está Andrés Quintana Roo, no lo veas, Miguel Lerdo de Tejada, tampoco lo saludes, Juan Zuazua, Ignacio Pesqueira, viles desconocidos, el doctor Rafael Lucio, ante él quítate el sombrero, nos trajo las vacunas". La estatua que siempre condenaba era la de Lerdo de Tejada, héroe y mártir de la guerra de Reforma, "ese generalito que le quitó los bienes a la Iglesia". Tampoco Ponciano Arriaga, padre de las Leyes de Reforma, era santo de su devoción. "Uno, dos, uno, dos, Ashby, mira hacia el frente, no veas tus pies, pierdes apostura, uno, dos, uno, dos, a éste salúdalo conmigo: General, ¿cómo amaneció usted hoy?", se inclinaba ante Donato Guerra. Aquellos momentos con su padre, Ashby los atesoraría hasta el final de su vida.

Los domingos, día de misa, un remolino de "gente bien" se formaba a la salida de La Votiva. Las mujeres, primero ensombreradas y luego de mantilla, se abrazaban y muchos jefes de familia se separaban entonces para ir a tomar la copa al Ritz, antes de la gran comida que compartirían con hijos y nietos en una congregación dominguera.

A pesar de sus dos accidentes, Ashby seguía siendo el mejor partido y las debutantes lo asediaban. La frescura estaba al alcance de la mano, así como los cuellos largos y blancos sobre los que pendían tres hileras de perlas como las de la reina de Inglaterra. En Bellas Artes, mientras escuchaban *La flauta mágica*, Ashby introducía su meñique en el guantecito blanco de su compañera en turno y acariciaba así la mano ofrendada. Dejarlo resbalar hasta la palma era una forma de poseerlas. Ellas fingían no darse cuenta, al fin mosquitas muertas. Se mantenían al borde del precipicio. Acercaban mucho su mejilla lozana y ardiente a sus labios, dispuestas al beso. Él les mordía la oreja, las besaba, escondía su nariz en su nuca entre sus cabellos niños. Bailaba, sí, pero muy poco, y una sola pieza las dejaba marcadas, porque las apretaba mucho y su cuerpo quedaba impreso en el de ellas. Se atrevía a lo que otros ni siquiera imaginaban. Ellas se pasaban la información: "Ashby baila apretadísimo por lo de su accidente. ¿No ves que quedó medio mal de una pierna?". En realidad se enamoraban a la primera pieza. A diferencia de otros galanes que insistían en sus proezas deportivas, la posesión de su automóvil "padre", su casa en Acapulco "padrísima", su último crucero por el Caribe "padrisisísimo", a Ashby la enfermedad lo había desensimismado y en su mirada había hambre de los otros. Transformaba a su compañera del momento en un ser privilegiado, le descubría facetas propias, desconocidas hasta entonces, le daba fuerzas; la verdad, para Ashby, las mujeres eran la única posibilidad de armonía. De tanto observar a sus compañeros y a sus familiares en el dormitorio de hospital, había aprendido a adivinar a los demás, a descifrarlos. Para cualquiera de las asistentes al baile, el encuentro con Ashby podría ser el de su vida. Nadie les había hablado así antes, ni siquiera su confesor.

Nora, la del cuello más largo, ansiaba que la volviera a sacar, si no para el vals, al menos para el fox trot y

Ashby lo hizo porque la tía de Nora, marquesa de Mohernando, le soltó al oído:

—Es un secreto, pero a ti que te gusta la literatura, te confío que Nora escribe poesía.

—¿Por qué no me enseñas lo que escribes? —le dijo apretando más su mano.

—Nunca se lo he mostrado a ningún muchacho.

—Voy a tu casa el martes a la hora del té.

Ashby no se lo esperaba. "Eres una nueva Emily Dickinson." La poesía de Nora le pareció exquisita a la primera lectura y la invitó a la conferencia de Carlos Pellicer, quien la deslumbró con su voz catedralicia y su emoción al decir en voz alta:

—"Que se cierre esa puerta / que no me deja estar a solas con tus besos."

Los encuentros se hicieron cada vez más frecuentes, Ashby se enamoró y cuando ella le dio el "sí", lo agradeció con humildad y con melancolía. Se asomaba a un espejo que nunca había buscado y no sabía qué imagen reflejaría.

3

En La Profesa se celebró la boda de Ashby y Nora, en medio del beneplácito familiar, aunque Mina, con una mueca despectiva, le comentó a su hijo que Nora no era ni la más bonita ni la más rica de las herederas disponibles.

—Allá tú, pero la chica Béistegui te convenía más.

Los Escandón escogieron la Catedral, pero Ashby le pidió a Nora convencer a sus padres de que Regina era más bella. La cola de tul y encajes de familia de la novia, que cubría los diez metros del pasillo, y la diadema de diamantes sobre la pequeña cabeza de Nora puso su boda a la altura de la corte inglesa. "Igualito que en Buckingham", dijo Lola Tovar y los trescientos y algunos más coincidieron. Los regalos parecían salir de la cueva de Alí Babá. La aristocracia mexicana quería distinguirse en todo y era mucho más espléndida que la europea. Algunas cajas blancas de moños como coliflores tenían dimensiones de cuento de *Las mil y una noches*. Además, se exhibían en un salón con sus tarjetas y las mejores familias competían entre sí sin darse cuenta de que ese exhibicionismo hubiera sido censurado por las cortes de Europa. De revelárselo alguien, la sorpresa habría sido mayor. Tampoco tenían conciencia de las resquebrajaduras en su inmaculada fachada: la primera, darle entrada a su círculo a los políticos advenedizos y a los vulgares comerciantes; la segunda, permitir que sus hijas se exhibieran en las páginas de "Sociales" en *Excélsior*, *Novedades*, *El Universal* como productos a la venta en un aparador.

Ashby y Nora se instalaron en un *hôtel particulier* de torres y balaustradas en la colonia Roma. De inmediato, Nora se dio a la tarea de poner la mesa con la vajilla de plata, los cubiertos de plata, los marcos de los espejos de plata, las palmatorias, los candelabros, los ceniceros, las grandes cajas para cigarros de Ortega, por supuesto de plata, todo servido en charola de plata hasta que Ashby protestó al ver que también sus cinturones llevaban hebilla de plata grabada con sus iniciales. Los había usado toda la vida pero su trato con don Lolo lo hizo sustituirlos por cualquier cinturón. Nora, sin preguntárselo, los integró de nuevo a su guardarropa.

De pronto, a Ashby, Nora le pareció también de plata. Era tal su afán por ordenar, hacer inventarios, coleccionar Château d'Yquem para acompañar los postres y alinear botellas de Romanée Conti para los compromisos mayores, que los días se le iban entre llamadas al Palacio de Hierro, a Azar, a El Globo —el

único sitio donde, según ella, se podía comprar pan—
y las visitas a casa de su madre a la hora del té.

—¿Crees tú que sería posible conseguir una docena
de botellas de Vouvray del Clos Baudoin para unos
soles meunières que mandé congelar?

—No tengo la menor idea —respondía Ashby en
un suspiro—, no sé cómo viajen esos vinos después
de salir de las márgenes del Loire.

Por cada cucharita cafetera regalada el día de su
boda, Nora escribió una preciosa tarjeta de agradecimiento y le avisó a Ashby que tendrían que responder
a invitaciones y ofrecer comidas y cenas de no más de
ocho comensales "porque si no, no se puede platicar"
y que tenía una lista de setenta personas. Ashby levantó los ojos al cielo y recitó en voz alta a Pellicer:

> Yo era un gran árbol tropical.
> En mi cabeza tuve pájaros;
> sobre mis piernas un jaguar.
> Junto a mí tramaba la noche
> el complot de la soledad.

Muy pronto, la poesía de Nora desapareció bajo el
fardo de las responsabilidades sociales y con esa pérdida
se esfumó también el interés de Ashby por su mujer.
En las comidas, en las cenas, todo era rutinario, nadie
arriesgaba, nadie lo sorprendía y Ashby empezó a
caer en el marasmo. Ni siquiera el nacimiento de su
primer hijo lo sacó del tedio que lo había invadido.

A diferencia de Nora, que a diario se hundía más y
más en la vida cotidiana, atrapada por su maternidad

y por las obligaciones sociales, a Ashby, tratar de salir del espasmo que le provocó su larga hospitalización lo aventaba a otras cavidades de su corazón, otros hemisferios de su cerebro. Si los seres humanos apenas utilizamos un mínimo porcentaje de nuestro cerebro, Ashby forzaba el suyo para entrar a esas zonas desconocidas y se encerró en su biblioteca a leer y a sacar conclusiones. Allí adentro se empeñaba en escribir. Sus hallazgos prosísticos no lo satisfacían ni por equivocación; según él, no lograba su propósito: escribir tres líneas que valieran la pena, con todo y su necesidad de gritar sus pensamientos. La inseguridad lo asfixiaba. Rompía páginas y el *valet de chambre* tiraba cestos y cestos de papel garabateado a la basura. A Nora le parecía muy bien tener a su marido en casa y no se preocupó por averiguar su estado de ánimo. Él tampoco intentó hacerla partícipe.

Una mujer con hijo es una casa tomada. A Nora, la hormiga de la fábula, Ashby la dejó caer de su corazón. Su cabello negro y suelto que la desnudaba perdió el brillo. Una tarde, cuando Ashby le preguntó si no pensaba volver a la poesía, ella le respondió frunciendo la boca:

—Ahora se me antoja más pintar.

—¿Y por qué no bordar? —exclamó Ashby con sorna.

—Sí, también eso me gustaría.

—Nora, ¿cómo puedes comparar un mantel con un poema?

Nora no respondió. La mirada se le había vuelto

pesada. Sus ojos se parecían ahora a sus pechos boludos; el iris, antes chispeante, tenía la misma negrura un poco obscena del pezón.

Alguna vez pensó que le gustaría verla caminar en Kensington Gardens, llevarla al Louvre, observar su reacción ante ciertos cuadros, ahora ya no le interesaba y desde el nacimiento del niño Nora no volvió a preguntarle: "¿Cuándo nos vamos lejos?". Para Ashby, el niño era sólo una tarea más que su mujer se había impuesto. Cuando lo vio recién nacido pensó: "Parece un jitomate magullado", y sólo se asomaba a la cuna cuando Nora lo urgía: "Mira a tu hijo". Una vez la oyó explicar a la Marquesa Mohernando: "A Ashby no le interesan los bebés…" La que había dado a luz era ella, Nora. Él todavía se debatía tratando de descubrir lo que tenía adentro. Sin embargo, creyendo complacerla, lo primero que se le ocurrió en los días que siguieron al nacimiento fue comprarle un *pony* al "vástago", del que hablaban los cronistas de "Sociales" celebrando el feliz advenimiento del ave picuda con su bulto azul traído de París:

—Pero ¿cómo crees? No va a poder montarlo sino hasta dentro de cinco años.

Ashby lo devolvió a su caballeriza.

—Ay, no, Resti, tú no, se te va a caer.

La nana Restituta también había quedado fuera de la jugada. Pretendió hacer con el hijo de su Ashby lo que con él de pequeño, "pero ya no estás en edad, Resti, entiende, no seas necia", le decía Mina apoyando a su nuera.

—Ya no sirvo pa' nada, niño —fue lo último que le oyó decir Ashby.

Un día, sin más, amaneció muerta en su cuarto de servicio. Sólo una persona la lloró: Ashby.

Al año nació el segundo hijo. El parto era un acto tan reservado a las mujeres que de nuevo Ashby no tuvo participación alguna. Su suegra llegó al hospital con sábanas y fundas de encaje a preparar la cama para que se pudiera recibir a las visitas e inmediatamente el cuarto se llenó de enormes ramos de rosas y de regalos blancos con moños azules y Ashby pensó en la cantidad de tarjetas de agradecimiento que su mujer escribiría con su preciosa letra Palmer apenas estuviera en casa. El niño, otro jitomate. Nora, en su "mañanita" de blondas de Holanda, daba las gracias. Le había dado por reducir al mínimo su vocabulario. Sacaba una chambrita de su envoltura y decía: "Está divina". Su hijo era divino, el día divino, su salud divina, su casota divina. La sonrisa con que lo decía también divina. "Te ves divina", exclamaban las amigas en torno a la cama esponjada de piqué y tiras divinamente bordadas.

No había rendija por la que Ashby pudiera colarse. La poesía, un mundo por nombrar, desapareció para Nora y de su boca ya no salían pájaros. El espacio abierto, la gran plaza soleada quedó a la merced de una avalancha de mamilas, sonajas, ropones, baberos, pañales, pediatras y palabras tan poco agraciadas como ginecología, obstetricia, fórceps y contracciones. Recordaba lo que alguna vez le dijo en el Hospital Obrero Goyita, la risueña esposa de don Lolo:

—Cuando te casas, mijito, todo lo que te sucede de la cintura para abajo es una cochinada.

Ella sí que era una aristócrata, pensó.

"Tengo que salir de la casa a buscar un interlocutor verdadero", se dijo Ashby al dirigirse a la Universidad. Así como Nora llevaba libretas de cuentas, él las tendría de apuntes, sus libros subrayados con lápiz, los comentarios al margen escritos a las volandas con el impulso de la emoción. En el maravilloso edificio de Mascarones, José Gaos daba conferencias. El filósofo había llegado de España a raíz de la Guerra Civil. Hacía oír su voz ante una sala llena a reventar de jóvenes que apenas si respiraban para no perderse una sola de sus palabras. Ashby se asombró. La talla de Gaos se extendía a sus oyentes. Crecían al escucharlo. José Gaos era un hombre alto, calvo, encorvado, que miraba por encima de sus anteojos sentado tras el escritorio. No hacía grandes movimientos ni se ponía de pie, salvo una vez que se dejó llevar por el tema y su voz fue elevándose a la par que sus zancadas sobre el tablado.

En Mascarones, Ashby no sólo descubrió a Gaos, sino a Juan David García Bacca, al sacerdote José María Gallegos Rocafull y al catalán Eduardo Nicol. Algún día discutiría con ellos, estaría a su altura. Sólo era cuestión de prepararse para decir mejor, pensar mejor y así, respirar su aire.

Los españoles estaban en todo. Fundaban colegios,

ateneos, editoriales, escribían en los periódicos, inauguraban suplementos culturales, publicaban sus recuerdos y su poesía. A Ashby le dio por acompañarlos al café París y mirar durante largas horas la cabeza de León Felipe, su bella mano mesándose la barba al hablar. Juan Rejano, el más accesible de todos, le sugirió a Ashby al escucharle una cita de Martín Luis Guzmán:

—¿Por qué no escribes una nota crítica sobre *La sombra del caudillo*? No sólo te la publico, te la pago.

Ashby, entusiasmado, la llevó a *El Nacional* el lunes siguiente:

—Es estupenda. Te felicito. Tu análisis es verdaderamente filosófico. —El entusiasmo del editor era genuino—. El que escribe se muestra. Yo, aquí, te descubro. Por favor tráeme algo para el próximo número.

Nadie le había hecho el regalo de Juan Rejano. Él levantó la lápida. A partir de su comentario se manifestarían los ángeles y los demonios. Durante años esperó ese día. Ser aceptado por su escritura cambiaba su visión de los demás. Los había subestimado, ahora serían sus futuros lectores, sus apoyos, sus consejeros. Exultante, Ashby empezó a invitar a su casa, con timidez al principio, a sus nuevos amigos. Era tanto su arrebato que no se daba cuenta del efecto que su mansión ejercía sobre los invitados, la enorme biblioteca con sus tomos empastados y sofás de terciopelo, el comedor extenso como pista de patinaje, las salas como museos.

Nora recibía con encanto y a su marido le sorprendió que todos la rodearan pendientes de su gracia. Pellicer la llamó "criatura de delicias". Nora los acogía con la misma actitud afable y cariñosa con la que recibía a la "gente bien" y no parecía notar la falta de corbata y los pelos parados de Juan de la Cabada o que los hermanos Coronel se quitaran el saco a media comida o que los zapatos de José Revueltas fueran de plan quinquenal. A ella, los recién llegados sólo la elogiaban, con Ashby discutían rindiéndole un homenaje que él jamás hubiera esperado. El primero en poner sobre el tapete de la discusión el origen de las grandes fortunas mexicanas fue Jorge Portilla, quien a las tres de la mañana cantaba dulcemente dirigiéndose a los ojos de Nora: "Soy un pobre venadito que habita en la serranía…"

—A ver, Egbert ¿de dónde viene tu palacio?

De pie, en su biblioteca, Ashby les explicó el origen de su fortuna como si se tratase de *La cruzada de los niños*, de Marcel Schwob:

—Resulta que en los bosques de México, los campesinos hacían una incisión en los árboles y de ese tajo escurría una resina que caía en un bote de lámina. Mi abuelo, que era un as de los negocios, acumuló una gran fortuna. A mi padre le gustó el campo y se hizo de tierras y caballos asociado con empresarios canadienses y norteamericanos. Fue gracias a ello que pude educarme en Londres, seguir cursos en la London School of Economics y, después de un accidente, una caída a caballo, a los diecinueve años, leer todo lo que cayó entre mis manos. De allí mi júbilo por estar entre ustedes.

Manuel Rodríguez Lozano, desconfiado, le hizo ver que la política fiscal de México beneficiaba en forma desorbitada a los grupos de poder. Escabullían impuestos, compraban funcionarios públicos; el soborno, la mordida, eran prácticas cotidianas del gobierno desde la célebre frase de Álvaro Obregón: "No hay quien resista un cañonazo de cincuenta mil pesos".

—Hablas desde la amargura de tus meses de encarcelamiento —le dijo Alí Chumacero—. Hay muchos hombres limpios en México.

—No, no. Para el gobierno lo más fácil es comprar a quienes encuentra en su camino. Mira al joven Salvador Novo, cronista oficial de los sexenios: no sólo se deja querer por los sardos peloncitos sino por el gabinete en pleno.

—Sí, pero mira cómo escribe. Su prosa es tan notable que hasta la putería se le perdona.

—Todo lo que puedo decirte es que los que hicieron la Revolución ahora saquean al país.

Manuel Calvillo, secretario y confidente de Alfonso Reyes, conciliaba los ánimos enardecidos. Henrique González Casanova cambió el tema por el de la Ciudad Universitaria que acababa de abrirse en el sur y era "un faro al final del camino".

Sábado a sábado, las reuniones en casa de Ashby se hicieron costumbre. A lo largo de la noche tocaban la puerta el pintor que retrató a María Asúnsolo, Juan

Soriano; Diego de Mesa, Joaquín Díez Canedo y Aurora, Paco Giner de los Ríos y su mujer, Octavio Barreda y Carmen Marín, de belleza casi tan extraordinaria como la de su hermana Lupe; Manuel Cabrera y María Ramona Rey, Rosario Castellanos, los hermanos Gutierre y Carletto Tibón, cuyos ojos se llenaban de lágrimas al hablar de su amor entrañable por las costumbres y fiestas de México; Alberto Gironella y Bambi, Max Aub y Pegua, que invitaban a una paella al día siguiente en su departamento de Euclides, y un muchachito con cara de ratón, José Luis Cuevas que, libreta en mano, hacía apuntes y apuntes que no enseñaba a nadie. "Son monstruos como ustedes", decía señalando a la concurrencia.

En vista de su impuntualidad y de que siempre traían amigos, Nora optó por un buffet a las doce de la noche. Entretanto, circulaban los whiskys y los gin y vodka-tonic. Cuando alguno se ausentaba, se convertía en el blanco de todas las flechas:

—En vez de dedicarse a la política, José Revueltas debería ponerse a trabajar, por eso no ha dado su medida.

—El ser comunista no es su problema; podría escribir en la cárcel.

—¿Quién te ha dicho que es tan fácil escribir en la cárcel?

Preguntas como ¿Quiénes somos los mexicanos? y ¿Qué es México? hacían que la discusión girara en torno a *El perfil del hombre y la cultura en México*, de Samuel Ramos. Por esa obra, los jueces habían consignado al filósofo flaco y modesto sobre el que pendía la amenaza de la ley.

—Ojalá y no le hagan lo mismo a Octavio Paz y a su *Laberinto de la soledad*.

La Revolución Mexicana también los ponía de cabeza. A Max Aub le entusiasmaba *El resplandor*, de Mauricio Magdaleno. Los intelectuales discurrían durante horas acerca de la Generación del 27 y la Generación del Ateneo, el daño que hacía el positivismo no sólo a México, sino a América Latina. La Revolución Mexicana, la República Española se abrazaban incendiándose en casa de los Egbert hasta una noche en que Salvador Elizondo gritó:

—¡Yaaaaaaaaaa!

Que ya, por favor, que todo eso era pura y llana retórica, que él quería decir algo sublime, algo que jamás pasaría por el escuálido cerebro de ninguno de los allí presentes, algo inteligente acerca de *El cementerio marino* de Valéry.

Aquella, la noche del grito en que las pasiones estallaron, los dos hijos de Ashby se asomaron asustados y cuando Nora señaló hacia arriba las dos caritas entre los barandales de la imponente escalera, los invitados bajaron el tono y propusieron que los niños se integraran al grupo.

—Tómense un whisky, angelitos de Dios, querubines de Santa María Tonantzintla, celestiales mensajeros del Edén —propuso levantando su copa Jorge Portilla.

Los niños subieron corriendo a su cielo privado.

4

Cada vez eran más concurridas las cenas de los sábados y Ashby se felicitaba de que Nora y él crecieran en popularidad entre los hombres y las mujeres para él más significativos, el círculo pensante del país. Además, la buena voluntad de Nora, el que dieran las cinco de la mañana y continuara de pie ofreciendo whiskys con la misma afabilidad, lo reconcilió con ella. Un gallo cantaba en alguna casa de la colonia Roma y los hacía reír. "He aquí la civilización capitalina." Sol Arguedas entonces se ponía de pie: "Rubín de la Borbolla, vámonos, ¿no oíste el kikirikí?". Nora ofrecía: "Espérense al desayuno" y todos la festejaban. El hecho de que sus amigos la enamorasen halagaba a Ashby. Muchas veces se reunían el domingo a comentar lo sucedido la noche anterior. Los sábados de Ashby y Nora eran más que una fiesta semanal, los elevaban al pináculo de la cultura en México.

Ashby pasó de una élite a otra. Todas las élites terminan siendo crueles y Ashby escuchó asombrado la manera en que practicaban la maldad como una de las bellas artes. Al calor de la quinta copa, el veneno desataba las lenguas y no había arrepentimiento posible. Ashby podía competir con el ingenio de los grandes. Las palabras que no encontraba en español las decía en inglés, en francés, en alemán; sus citas eran exactas, su poder de seducción no dejaba resquicio. Descubrió que la seducción era su arma natural y que no la ejerció con las "niñas bien" mexicanas porque ellas caían redondas con sólo verlo, pero aquí, en este cenáculo, necesitaba ser más que él mismo, más que su físico privilegiado y su elegancia innata; a estos centauros había que saber montarlos porque si no lo aplastarían en una despiadada confusión de cascos como no lo logró "Classic Touch" en el concurso hípico de abril de 1945.

Nora se quedaba atrás, la maternidad la había moldeado hasta convertirla en una mujer verdaderamente hermosa. Aceptaba los cambios de Ashby con mansedumbre pero éstos sólo duplicaban sus obligaciones. No dejaba de ir a tomar el té con su madre ni de asistir a los frecuentes velorios. ¡Ah, cómo se muere la gente en México! ¡Y qué cantidad de despedidas de soltera! El chofer llevaba a los niños a sus clases de gimnasia, de natación, de francés, de esgrima (Ashby se encargó personalmente de las de equitación) pero ella tenía que supervisar horarios y nunca dejó de ir a dar las buenas noches a sus dos retoños. Al poner su cabeza sobre la almohada dentro de la gran cama Tudor, Nora sólo alcanzaba a leer tres o cuatro páginas de *The turn of the screw* y se dormía exhausta. Proust languidecía en el librero. En cambio, la biblioteca de su marido, cada vez más atestada —pilas de libros en el suelo y en las sillas—, iba comiéndose la casa porque además de los comprados, los editores le enviaban colecciones enteras y los autores le regalaban sus obras con dedicatorias halagadoras.

Un sábado, don Alfonso Reyes dio a Ashby la consagración definitiva al presentarse en su casa con Manuelita su esposa. En otra ocasión asistió José Vasconcelos pero no cayó bien. Ahora se hablaba mucho del regreso de París del poeta Octavio Paz con su mujer, Elena Garro, y los jóvenes, sobre todo Carlos Fuentes, los esperaban anhelantes. México, país de brazos abiertos, después de dar posada a los desterrados españoles recibía a chilenos, a argentinos, a uruguayos notables. Llegaban con su exilio a cuestas y encontraban consuelo en la hospitalaria casa de los Egbert.

Una noche, ya pasadas las doce, Amaya Chacel hizo su entrada con cinco de ellos. Inmediatamente atrajo al anfitrión que los recibió en la puerta. Dos horas bastaron para que los distintos grupos se acercaran a escucharla a un rincón de la sala en donde discurría con un hilo de voz. No era bonita como Nora, esta mujer era otra cosa. Algo en ella encandilaba. Cuando oía en silencio mirando al interlocutor con ojos penetrantes, todos la veían a ella, a la expectativa. ¿Qué iba a decir Amaya? Escuchaba, inmóvil, prodigiosamente atenta. Tenía mucho de gato en su concentración callada antes de dar el zarpazo, toda ella al acecho, toda ella crueldad. En torno suyo, los ratones, insectos, lagartijas hipnotizados, esperaban el golpe mortal. Amaya hablaba con destreza, con elegancia, en voz muy baja y los obligaba a callar y parar la oreja para no perder una sola de sus palabras. "¿Qué están conjurando?", preguntó Ashby al acercarse, pero Amaya no lo invitó a unirse a ellos.

Ashby se sorprendió a sí mismo al esperarla con ansia al sábado siguiente. Cuando había perdido toda esperanza, el timbre sonó a la una y diez de la mañana. Esta vez la acompañaban cuatro chilenos, dos escritores y dos pintores. Amaya, vestida de blanco, su pelo rubio suelto sobre los hombros, sus ojos le parecieron de obsidiana.

—Son iguales a los de Emiliano Zapata —le dijo Ashby.

—¿Ah sí? ¡Qué bueno, eso me encanta! —por primera vez le sonrió.

Ashby vio que sus dientes eran preciosos. No se había dado cuenta.

Esa noche se deshicieron los grupos pequeños que poco a poco rodearon a Amaya. Cada uno buscaba quedar lo más cerca posible de ella. Las mujeres no tuvieron más remedio que seguir a sus maridos imantados. Amaya creaba un clima espiritual amenazante. Nunca se sabía a qué hora agrediría a alguno de sus devotos.

—La literatura se hace a partir de las palabras, no

de los conceptos. A mí eso es lo que me interesa. Es mucho más implacable decir de un presidente "grotesco, Ortiz Rubio, grotesco" que una larga parrafada de opiniones.

Despotricaba contra los elevados sentimientos que pretendían hacer de México una nación del nuevo mundo: "¿Qué no se han dado cuenta de que los mexicanos no comen? ¿Qué no se han dado cuenta de que hay millones de mexicanos que no leen? ¿El petróleo? ¡Por favor, el petróleo es la única carta que juega un gobierno corrupto!" Su mirada se volvía entonces despiadada. Jorge Portilla le hacía ver que muchos presidentes de Bolivia, de Panamá, de México habían estudiado en grandes universidades norteamericanas, en las escuelas de la Ivy League y eso la enfurecía. "Por eso no saben lo que son los derechos civiles. La gran vergüenza de México son sus derechos humanos." A las dos, Nora propuso que pasaran a cenar. Nadie le hizo caso. Por fin, a las tres de la mañana, Ashby fue quien preguntó: "Bueno ¿no creen que deberíamos comer algo?" La mirada negra que le lanzó Amaya le hizo ver que jamás debía haberlo sugerido pero ya la orden estaba dada y varios se levantaron. Amaya no. Sentada en el suelo, siguió hablando entre unos cuantos hechizados. Se despidió de Ashby fríamente. En cambio a Nora le dijo en voz baja y rápida:

—Eres un Boticelli.

Ashby nunca había pensado que su mujer podía ser un Boticelli. Con su pelo negro levantado y unos cuantos bucles saliéndole del chongo, su esbeltísimo cuello blanco y sus ojos pudorosos, Nora sonrosada por el trajín de la fiesta tenía la gracia de los renacentistas italianos.

Ashby empezó a vivir de sábado a sábado. Nunca sabía si Amaya se presentaría y eso lo tenía en un estado de nerviosismo difícil de controlar. En su ausencia, los sábados se volvían grises, perdían todo su atractivo al menos para Ashby que iba de un invitado a otro, de un pensamiento inerte a otro, de una conversación pastosa a otra, a punto de extinguirse. En cambio, con ella todo se aceleraba, aunque Amaya apenas si se dignara darle la mano. Acompañada por un séquito admirativo, hacía entradas sensacionales. Su marido brillaba por su ausencia aunque su nombre aparecía con frecuencia en la sección de finanzas de *Excélsior* y del *El Universal*. Amaya lo mencionaba: "Alfonso y yo…" "Alfonso dijo…" pero se seguía de largo y una vez, cuando Ashby la interrumpió para preguntarle por qué no venía Alfonso, Amaya no sólo dejó la pregunta en el aire sino que no volvió a dirigirle la palabra en toda la noche.

A veces, la voz baja y pareja de Amaya crecía al calor de un argumento.

—Eso no es literatura, ésas son sensiblerías.

—¿*El Diario de Ana Frank*, sensiblería?

Amaya pulverizó a Marta Seite con la mirada:

—Y también *El Principito*, de St. Exupéry. El *Diario de Ana Frank* fue publicado incompleto por el papá de la niña después de muerta. Su actitud es la misma que la de la familia del tullido de *Divinas Palabras*, de Valle Inclán cuyos miembros se pelean entre sí por sacarlo a la calle en su tablita con ruedas para exhibirlo y hacer dinero con su desgracia… Eso no es literatura. No entiendo cómo ustedes se rebajan a hablar de tales obras.

Implacable, Amaya deshacía al escritor que le ponían en frente. Cuando alguien alegaba a favor de Rodríguez Aura: "Ha trabajado mucho y decía Goethe que el que se afana en la tarea está salvado", ella respondía tajante:

—Sí, pero si es un idiota, no se salva.

Sus respuestas producían el mismo éxtasis colectivo de las corridas de toros. Amaya embestía y la plaza dividida en sol y sombra la azuzaba para que mostrara la lámina de su raza. Era brava y los villamelones le gritaban "cítalo, cítalo" como a los toreros. Si tenía miedo, nunca lo enseñó. Sentada en el suelo en posición de loto, el cenicero sobre el Aubusson entre sus piernas, convertía la biblioteca de Ashby en un ruedo. "Vamos a comprar cojines y tirarlos en el piso" le dijo Nora, "desde que Amaya llegó, tus amigos rechazan nuestros sillones". "Sí, tienes razón" —asintió Ashby. Nora entonces concluyó:

—Desde que ella viene, los sábados son otra cosa.

—¿Qué cosa?

—No lo sé, pero son otra cosa. Siento que ella oficia misa y todos ustedes son sus feligreses.

—¿Y tú?

—Yo no —respondió y salió de la recámara.

5

Ashby tenía una muy buena opinión de sí mismo y el éxito la acrecentó. Lo único que le molestaba era que Amaya no cayera bajo su encanto. Acostumbrado a que todas lo hicieran a las primeras de cambio, confiaba en que Amaya no sería la excepción.

Amaya también los invitó a cenar. Dada la posición de su marido, todos creían que superaría a los Egbert en lujo y bonanza pero no fue así.

Al mismo tiempo que recibía a sus invitados, Amaya acostumbraba improvisar la cena, a tal grado que una noche a eso de la una ofreció tortas deliciosas que una muchacha sin delantal repartió sobre una pesadísima charola de plata y que los comensales tomaron envueltas en hojas de papel estraza para comerlas en una vajilla de Meissen. Cuando Jorge Portilla pretendió partir la suya con tenedor y cuchillo, Amaya exclamó:

—No seas payo, las tortas se comen con las manos, nada más lávatelas.

En lo que Portilla iba al baño dictó una cátedra sobre la cursilería de ciertos exquisitos.

—Nada más cruel que una élite. Son crueles por ignorancia, por estupidez, porque no tienen la menor conciencia de su compromiso con los grandes deberes históricos. Nadie más lejos del sentimiento trágico de la vida que los ricos.

—¿Y las masas?

—Las masas también son burdas e ignorantes, también son mediocres, tampoco se preguntan a dónde van ni por qué están sobre la tierra pero, dentro de todo, son mejores que las élites que sólo se preocupan por su propio beneficio.

Ejercía una influencia moral o al menos aguzaba el sentido autocrítico de sus oyentes. ¿Era eso lo que se proponía? Había en su rostro, francamente vivo, una movilidad fascinante. Las emociones danzaban bajo su piel.

Los sirvientes de la casa también salían de lo común. Amaya daba órdenes que ninguno sabía obedecer.

—Los platos soperos, Salustia, ya sabes, los que están en el mueblesote junto a la cocina…

—Ay, señora, ¿cómo voy a saber si empecé con usted hoy en la mañana?

La mesa, que se ponía al último momento, ofrecía también sus sorpresas.

—¿Y el pollo rostizado?

—Lo puse en la sopera.

—¿Quién te dijo, mensa, que los pollos van en la

sopera? ¡Quítate de mi vista y ve a sacarlo de allí inmediatamente!

Al extraerlo, la aterrada muchacha lo tiró en el piso y el pollo fue a dar aparatosamente debajo de la despensa. Esa noche, los invitados, para quienes el pollo de todos modos no hubiera alcanzado, se emborracharon más que de costumbre, porque el bar de Amaya y su marido invisible era de primera, así como la espléndida cava. Amaya delegaba en uno de sus invitados la tarea de elegir el año y la marca del vino. Por lo visto, la cultura en vinos de Alfonso era notable. Amaya, displicente, despachó a Ashby.

—Necesitamos unas diez botellas de Mouton Rotschild. Voy a dar carnitas y moronga...

—¡¿Carnitas con Mouton Rotschild?! —preguntó Ashby.

—¿Tienes algún inconveniente? Champagne Pol Roger, entonces, quizá se lleve mejor con la moronga... Voy a mandar a Sindulfo para que suba una caja... Quizá una caja no alcance, mejor dos.

En la cava, con Sindulfo que hacía girar su sombrero de paja entre sus manos, Ashby preguntó:

—¿Tiene usted mucho tiempo con la señora?

—No, en la mañana me recogió en el camino.

—¿En el camino a dónde?

—A Temixco. Nos trajo a cinco en su coche... Dijo que si teníamos hambre y cuando le dijimos que no probábamos tortilla desde ayer, nos subió y aquí estamos.

Ashby jamás volvió a ver al tal Sindulfo. A los

quince días, el "servicio" —si servicio era— había cambiado totalmente. La puerta se la abrió una mujer con la cabeza envuelta en un paliacate rojo al estilo de la negrita Aunt Jemima. A media reunión, la misma mujer entró a la sala sin cohibirse:

—Niña Mayito, ¿me da un tabaquito?

Amaya le aventó sus cigarros y la mujer los cachó en el aire. Se los devolvió en la misma forma.

—Gracias, niña.

Salió arrastrando los pies dentro de unas chanclas de plástico de pata de gallo y Amaya, sin más, volvió a su conversación.

Las miradas de Nora y Ashby se cruzaron. Lo que sucedía en esa casa era imposible en cualquiera otra. Esa noche, no había trazas de cena. De pronto Amaya se irguió del suelo cual resorte y gritó:

—Belem, sube a mi cuarto; arriba del ropero hay un canasto lleno de tabletas de chocolate. Bájatelo completito.

—Ay, no, Mayito, yo no alcanzo hasta allá, está muy alto.

Ashby ofreció subir. Vio con curiosidad la recámara espaciosa cuyos altísimos muros estaban tapizados de libreros. La cama esperaba invadida de libros abiertos y de papeles hasta encima de las almohadas, una máquina portátil Hermes color gris tenía una hoja adentro. Ashby no resistió la tentación de ver lo que en ella estaba escrito. Sólo una frase, obviamente sin terminar: "Los imbéciles me persiguen a todas horas con su..." Buscó la huella del cuerpo de Amaya sobre la cama y no la encontró. Nunca la encontraría. Amaya sabía borrar pistas. Descendió con el chiquihuite en los brazos lleno de barras de "Nestlés" con almendras. Lo que más había era "Tin Larines" dentro de sus envoltorios verde y amarillo.

—Son mis favoritos.

Amaya fue pasando tabletas. Estaban duras, sabían a rancio, de seguro llevaban mucho tiempo en el canasto.

—Se están comiendo mi provisión de un año. Cuando escribo, son las que me dan energía.

—Ah, ¿escribes?

—Claro que escribo.

Aunque Amaya hacía afirmaciones categóricas, ninguna tan contundente. Todos creían que era pintora aunque nadie podía decir que conocía su obra. Ashby le pidió:

—Enséñanos tu *atelier*.

—No pinto aquí en casa, tengo mi estudio en Coyoacán.

—¿En qué calle?

—No digo. Es mi *sancta sanctorum*.

—¿Harás alguna exposición, entonces?

—Quién sabe. Dice Alfonso que no le conviene...

—¿Por qué?

—Quién sabe, creo que por los inversionistas.

—¿Los inversionistas?

—Sí, los empresarios de otros países con quienes trata podrían escandalizarse...

—No entiendo, pues ¿qué pintas?

—Te pinto unos violines si quieres.

—En serio, es que no entiendo.

—Ni yo tampoco —Amaya sacudió su melena con tristeza.

En otra reunión, Amaya ofreció café recién traído de Jalapa. Como era muy fuerte, algunos pidieron crema. Rápidamente delegó a Jesusa, una nueva y exótica presencia de anchas caderas y pelo grasiento. Le ordenó que la pusiera en una preciosa jarrita de plata de Sheffields. Al servirla, la crema no quiso mezclarse con el líquido negro:

—Pinche Jesusa —llamó Amaya—, esta crema está cortada. ¿Donde la compraste?

—Con el chino de la esquina, seño Mayito.

—Pues ese chino vende puras porquerías, oye. Ve a devolvérsela y que te dé otra.

—¡Cómo cree, seño Mayito, si ya cerraron! Es requete tarde. El chino bajó la cortina tras de mí...

Esa misma noche, Ashby, en la recámara, le comentó a Nora:

—Es un ser verdaderamente fuera de serie.

—Para mí es verdaderamente floja y me tiene harta. Con tanto dinero ¿qué le cuesta conseguir una buena cocinera y ordenarle la cena con anticipación? ¿Qué le cuesta tener un mesero decente? Y un portero y un jardinero. ¿Cómo es posible que cada vez que nos invita nos topemos con una nueva runfla de forajidos?

—Es original.

—Comprendo a su marido. Con razón no lo conocemos, yo también huiría si tuviera que vivir en esa casa.

A pesar de tantos sinsabores culinarios, los amigos acudían en masa.

—Es que ella piensa en otra cosa, por eso se le olvida la cena —la disculpaban—. Trabaja mucho, no tiene tiempo.

—¿En qué trabaja?

Ninguno podía dilucidarlo.

—Su cerebro es el que jamás descansa. ¡Qué cerebro! Apuesto a que pesa tanto como el de Einstein.

—Tampoco exageres.

Las mujeres apreciaban menos a Amaya que los hombres.

—¿Qué le ven de bonita? Tiene una picadita de viruela en la nariz.

—Es muy ocurrente.

—Sí, pero eso no la hace bella.

El sortilegio que ejercía sobre los intelectuales se fortalecía con el tiempo.

—¿Sabes por qué? —le dijo Marta a Nora. Porque Amaya es misteriosa. Nunca sabe uno dónde anda, con quién anda, por qué no aparece su marido, qué es lo que escribe, qué es lo que pinta, a dónde va con su automóvil blanco que maneja demasiado de prisa. Viaja mucho por la república pero sólo deja caer de vez en cuando que fue a Tlaxcala, a San Luis Potosí, a Chilpancingo.

—A lo mejor es un gran fraude —respondió Nora.

—No, no, no es tan fácil, no se trata de engaño, sabe cultivar el misterio y eso fascina a los hombres.

Todos concordaban en que el hecho de que Amaya

no prendiera la luz y tuviera un fuego de chimenea siempre encendido, proyectaba sobre los muros y los muebles de la sala de su casa brillos y sombras que los sumían en otro mundo. Cada vez que ella misma se levantaba de la alfombra a echar un leño al fuego, el resplandor la transformaba en una hechicera. Era extraordinario lo que las llamas le hacían a su rostro, a su silueta, todo su ser se volvía mefistotélico; esa luz que suavizaba el perfil de otras mujeres, a ella le daba contornos de arpía.

"El hombre invisible" se volvió el apodo de Alfonso Chacel, su marido.

—Oye, entiendo que no asista a las reuniones de los Egbert pero que tampoco asista a su casa está rarísimo. ¿Qué de veras existirá? —preguntó la más intrigante, Christine Schneider.

—Tú no perdonas ni a tu mamá, parece que no tienes espejos en tu casa.

El dominio de Amaya sobre el grupo era indiscutible. Una noche en que Marta les dijo que todos deberían transportarse a Coyoacán, a la Casa Azul de Frida Kahlo, porque Diego y Frida daban una gran "pachanga" y tenían el privilegio de haber sido invitados, Amaya dijo en voz muy baja que ella, desde luego, no iría. Le hicieron rueda, claro, vamos, es fascinante, Amaya, hay que conocer su colección de arte precortesiano, dicen que es espléndida, sus fiestas son típicamente mexicanas. Entonces Amaya fue levantando la voz poco a poco y estalló en una cólera que le despejaba la mente y la hacía hablar como una iluminada.

—Eso es folklorismo, exotismo. Si de algo hay que huir es del pintoresquismo. Nada le hace tanto daño al país como esas farsas.

—¿Farsa el ser mexicano?

—¿A poco no es una farsa vestirse de huehuenche o de tehuana para la cena cuando del diario las señoras andan con modelitos de París o de perdida de falda y blusa como todo mundo? Todavía Frida Kahlo, la tullida, usa enaguas para esconder su columna rota y su pata flaca, pero las demás, ¿a qué le tiran? Andrés Henestrosa cambió Juchitán por una curul en el Congreso.

Le dio un prolongado trago a su bebida en medio del estupor y continuó:

—¿Qué caso tiene entonces vestirse de calzón de manta los sábados en la noche? Basta ya de explotar a este pobre país y burlarse de los indios.

—Nadie se burla, Mayita, cálmate.

—Ellos sí tienen derecho a los atuendos "típicos", nosotros no. ¿No se han dado cuenta de que la esencia de México no está en sus lanas de colores y en sus aguas de chía, sino en algo mucho más profundo: su miseria? ¿A que ésa no se la cuelgan como molcajete? ¿Por qué en vez de reunirse a beber tequila y curado de fresa y comer romeritos no se dan una vuelta por el Mezquital para ver lo que traen entre el ombligo y el espinazo aquellos cuyos trajes copian como si fueran mamarrachos?

67

"Esta mujer es un ángel justiciero", se dijo Ashby al ver su cabello rubio formándole una aureola de fuego.

Cuando Amaya bajó la voz y volvió a sentarse en el suelo, lo mismo hicieron Marta y las demás mujeres. Siguieron los hombres. Marta ni siquiera llamó por teléfono a la Casa Azul para disculparlos. Los Rivera, Kahlo, Best Maugard, O'Gorman y compañía no lo merecían. A partir de esa noche, también ellas profesaron a Amaya una admiración que las hacía solícitas: "¿Tienes frío, Amaya?" "¿Te sirvo algo de cenar?" "¿Quieres otro *drink, darling*?".

Las palabras "simuladores" y "farsantes" aparecían con frecuencia en su discurso y muchos aguardaban a que los interpelara irritada: "No sean simplistas ni esquemáticos…" México, país híbrido, no era democrático ni revolucionario ni conservador ni nada y mucho menos sabía a dónde iba. No tenía proyecto, y lo más atroz que podría decirse de cualquier país era que no tuviera mística. Los Estados Unidos seguían su destino manifiesto pero los mexicanos ¿qué seguían? ¿qué tenían? Lo único que podría salvarlos, como a los polacos, era su religión, pero también ésta era aquí híbrida, ciega, ignorante, manipulada por un clero retrógrado y mal preparado. Para nuestra desgracia, Bartolomé de las Casas murió trescientos años atrás.

A las mujeres del grupo les sorprendió enterarse de que Amaya se hincaba a rezar juntando sus manos cada noche y que se consideraba profundamente católica. Su señal de la cruz, después del séptimo trago, resultó aparatosa. Ashby iba de sorpresa en sorpresa. Al sentirse tan reconocida, Amaya bajó la guardia y ahora entraba los sábados a casa de los Egbert como a la suya.

6

Cuando Amaya le habló a Nora para preguntarle si ella y Ashby podrían acompañarla a Morelos, a Nora le pareció lo más natural del mundo que Ashby fuera solo:

—Mañana tengo que asistir al festival de las madres en la escuela de los niños. Ya sé que es una cursilería pero ellos se sentirían muy decepcionados si no voy. Espérate un segundo, Amaya, ahorita mismo le insisto a Ashby. Estoy segura de que le va encantar acompañarte.

No tuvo que insistir mucho. Ashby, de un solo impulso, aceptó. Pasaría en su automóvil por Amaya y regresarían al anochecer.

Ir por la carretera a Cuernavaca con Amaya a su lado le produjo a Ashby una exaltación que lo rejuveneció. "Me he vuelto un adolescente", pensó. El paisaje le pareció bello, grandioso. Era un deleite verla de falda blanca, las piernas desnudas, los pies aniñados dentro de sandalias de tacón. Sus piernas bonitas, sus pies, los del niño Jesús en el pesebre, lo conmovieron. Refrenó el impulso de estacionar el Mercedes en la cuneta e inclinarse a besarlos.

—Tus pies son tan bellos como los de María Asúnsolo —se limitó a decirle:

—¿La prima de Dolores del Río? —preguntó Amaya.

—Sí.

—¡Ah, ésa también es vernácula!

Amaya se lanzó en contra de la película *María Candelaria* de "El Indio" Fernández y Gabriel Figueroa, "sus cielos de tarjeta postal y sus diálogos más falsos que la frente amplia de Antonio Caso: él sí que no tenía más de dos dedos de frente, y para tener cabeza de filósofo, se la rasuraba. Éste es un país de fantoches, un país sin rostro, un país avergonzado de sí mismo, un país de mentirosos. Fíjate, hasta las recetas de cocina son mentira y traición. A doña Catita Escandón le preguntaron por un postre al que ella llamaba 'Fondant de almendras'. Nunca la quiso dar y cuando murió una de sus nueras abrió su libreta guardada bajo llave y leyó la famosa receta del dulce escrito con su puño y letra. Empezaba con un: 'Se pelan las jícamas…'"

—Doble mérito, convertir jícamas en almendras, güerita…

Ashby disfrutó de sus ocurrencias pero repentinamente Amaya se quedó callada.

—¿En qué piensas?

—En el paisaje. Ante montañas así hay que guardar

72

silencio. Lástima que a este país lo vivan los políticos más que los campesinos, los indios, los que lo hacen.

El sol entraba por la ventanilla y doraba el cabello y los hombros desnudos de Amaya y Ashby se sintió tan bien que exclamó, sus ojos grises derramando ternura:

—Nunca he sido tan feliz.

—¿Ah, sí? —le respondió Amaya con una gran sonrisa, y encendió un cigarro.

—¿Puedes decirme a qué vamos a Morelos?

—Ya lo verás.

—¿Y a qué parte vamos exactamente?

—Ya lo sabrás.

Ashby puso su mano sobre la de Amaya, riendo. Amaya no retiró la suya.

—¡Ah, qué güerita tan enigmática!

Manejó con la mano de Amaya bajo la suya durante el tiempo en que ella se la dejó:

—Quiero prender otro cigarro —explicó al zafarse.

—No fume tanto. ¿Para qué fuma tanto?

—Me gusta, me calma.

—Pero es demasiado lo que usted fuma, güerita.

—¿Por qué me hablas de usted?

—Porque siento mucho respeto por ti, güerita, nadie me infunde tanto respeto. Eres una mujer fuera de serie.

—¡Ay, por favor, Ashby, no caigas en la cursilería y fíjate en las curvas!

—Eso hago, güerita.

Volvieron al silencio. A su lado, con la libertad que

se toman las que se saben bonitas, Amaya se sentó sobre sus piernas dobladas "para ver mejor" y Ashby muy pronto se dio cuenta de que a su compañera le molestaban los elogios. Así sentada lucía más joven y suelta, como nunca la había visto.

—Qué atractiva eres.

Amaya le fumó en la cara:

—No sigas, Ashby, o Dios te va a castigar.

—¡Qué comentario más absurdo!

Al llegar a Cuernavaca Amaya le señaló un camino de terracería. Cerraron las ventanillas por el polvo y el Mercedes empezó a sacudirse por los baches y lo sinuoso del camino. Por un momento Ashby pensó que su automóvil no había sido hecho para esas brechas proletarias pero se reconvino por su mezquindad. La mujer a su lado bien podía convertir al Mercedes en un montón de fierros, como a él en un montón de vísceras. Amaya volvió a sentarse "como Dios manda", según dijo, y prendió otro cigarro indicándole a su conductor:

—Este camino es larguito, tienes que hacerte a la idea. Vamos a tardar como hora y media si bien nos va.

Por fin, después de pasar varios pueblos que sólo el sol y la caña de azúcar alegraban, Amaya le pidió a Ashby que detuviera el coche frente a un jacal:

—Aquí es.

Bajó sin esperar a Ashby y desde el sendero entre la caña gritó:

—¡Tiburcia, Tiburcia!

Varios perros ladraron y al oírlos salió Tiburcia a la puerta de su choza y fue al encuentro de Amaya.

—Seño Mayito, benditos los ojos.

Amaya la abrazó y Tiburcia se puso a llorar.

—¿Qué pasó, Tibu, qué pasó?

—¡Se los llevaron, seño Mayito, se los llevaron! Agarraron a siete por andar reclamando la tierra como usted dijo. Ahora los tienen en la cárcel, en Cuernavaca.

—¡Canallas, sátrapas, bellacos! No te preocupes, Tibu, ahorita mismo los sacamos —dijo Amaya con tanta seguridad que Tiburcia se quitó el delantal, tomó su monedero y gritó:

—Platón, Platoncito, vente pacá —y viendo al niño advirtió—: Déjeme nomás limpiarle los mocos.

Tomó de la mano a su nieto y sin más siguió a Amaya y a Ashby que ya se dirigían al auto. Ashby ni siquiera se atrevió a pedir un vaso de agua en vista de la furia en los ojos de Amaya.

—Desgraciados, pero van a pagar.

Durante hora y media de regreso a Temixco soportaron el camino de terracería. Amaya hablaba con Tiburcia en voz baja, el niño panzón miraba por la ventanilla y las únicas veces en que Amaya le dirigió la palabra a Ashby fue para preguntarle si no podía ir más aprisa. Los amortiguadores golpeaban contra las piedras del camino y el calor con las ventanillas cerradas por el polvo se volvió insoportable. El niño y la mujer olían mal. Amaya no parecía notarlo. Hervía en su propia rabia. A cada rato exclamaba: canallas, miserables, bellacos. Tiburcia seguía hablando en una letanía interminable, un sonsonete en el que Ashby sólo podía distinguir "agarré y dije... y entonces el juez agarró y dijo". Cuando por fin entraron a Cuernavaca, Amaya, con voz de enojo, ordenó a Ashby:

—Vete de inmediato al Palacio de Gobierno.

—¿A qué vamos al Palacio?

—Tú estaciónate allí —dijo Amaya en un tono que no admitía réplica.

Ashby se estacionó frente a un soldado con el fusil en las dos manos que le informó que allí no podía dejar el coche. Amaya entonces gritó:

—Vamos a ver al gobernador. Tú, soldadito, más te vale cuidar el coche. Vente Ashby, vente Platoncito.

Amaya le dio el brazo a Tiburcia para subir los escalones. Al llegar arriba la soltó. Alta y delgada, siguió presurosa por el corredor. En la antesala, Amaya apenas si se detuvo ante el secretario que leía el *Esto*:

—Vengo a ver al gobernador.

—El señor gobernador está en acuerdo.

—¿Ah, sí?, pues ni modo.

Empujada por su bellísima cólera, Amaya abrió la puerta y entró. Tras de su escritorio, el gobernador la miró con azoro:

—Señor gobernador, o saca usted a esos hombres de inmediato o va a ver la que le voy a armar en los periódicos de México. Todos sabemos que su hijo se ha apropiado de ochocientas hectáreas en Temixco.

El gobernador se levantó y salió tras de su escritorio con cara de espanto:

—Señora, ¿de qué se trata? No tengo la menor idea de qué me está hablando.

—Tiene usted a siete campesinos de Temixco presos desde hace quince días.

—Señora, ¿quiénes, cuáles?

La furia de Amaya arrasaba con todo, sus ojos negros echaban fuego. Era un espectáculo verla erguida frente al gobernador que titubeaba descontrolado. Tiburcia, Ashby y el niño también miraban a Amaya, paralizados por su ira.

—A ver, tú, Tibu, dale aquí los nombres de los muchachos al gobernador.

Tiburcia entonces rezó con voz vieja y temblorosa:

—Aristeo Guillén, Emiliano Vértiz, Pancho Uribe, "El olote", Anastasio Gómez, "Tacho", Ramón Flores Medina, "El cacas", Enedino Pérez Álvarez, Candelario Acevedo, creo que ya son todos, seño Mayito.

—¿Cuándo entraron a la cárcel? —volvió a preguntar Amaya colérica.

—Hizo quince días antes de antier.

—¿Cuáles son los cargos? —inquirió el mandatario.

—¿Cuáles van a ser, gobernador? ¿De qué se acusa a todos los mexicanos pobres? —intervino la Amaya soberbia y lúcida que Ashby había escuchado la noche en que Diego Rivera y Frida Kahlo se atrevieron a invitarlos a cenar—. Se les acusa de invadir las tierras que antes fueron suyas, las que se apropió el hijo de usted para hacer un fraccionamiento. A diferencia de ustedes, los del gobierno, los del PRI, a diferencia de los políticos que cuando no son cabrones son pendejos, ellos no tienen la posibilidad de hacerse de tierras ajenas cada seis años. Su nobleza se lo impediría. Ésta sí es gente. Ellos son los dueños legítimos —suyas son las escrituras desde la Colonia—, ustedes, hijos de la chingada, usurpadores, que los roban y los asaltan, merecen el linchamiento público pero a los que refunden en la cárcel es a ellos. Y claro, a quienes se atreven a denunciar.

—Señora, tranquilícese, hablemos...

—¡Hablemos madre! Ahora me toca hablar a mí, a ustedes estamos hasta la coronilla de escucharlos. Pura mentira, pura demagogia. Ustedes son los encubridores, qué digo, los autores de la corrupción estructural de este pobre país. Ustedes sobornan, falsifican, humillan, tuercen las leyes, silencian, ocultan, matan. El PRI y el gobierno son la cuerda del ahorcado con la que ustedes asfixian a los mexicanos.

Amaya tomó aliento y Ashby pensó que iba a detenerse, pero no, su voz se hizo más impetuosa:

—Mientras ustedes construyen su casa para los fines de semana en tierras ejidales y beben jaiboles en su alberca de agua caliente, ellos trabajan de sol a sol, y todavía les quitan sus escrituras.

—Señora, por favor, no se descomponga, voy a llamar a mi secretario, tengo que consultar al comandante de policía. Vamos a ver cuál es la situación y qué es lo que procede de acuerdo al caso.

—Yo no me muevo de aquí, gobernador, hasta no salir con los muchachos.

—Yo no los tengo aquí, señora, esto no puedo resolverlo antes de setenta y dos horas.

—Le doy a usted setenta y dos minutos.

Amaya daba las órdenes, el gobernador, nervioso, obedecía. Llamó por teléfono y en la bocina leyó lentamente los nombres de los presos. Cuando se levantó informó a Amaya de manera casi obsequiosa:

—Tendrá usted a sus campesinos a las cinco de la tarde.

Amaya le dijo:

—Muy bien, aquí los esperamos. O mejor vamos por ellos a la cárcel.

—No, señora —se atemorizó el gobernador pensando en el escándalo que armaría—, no, no, no, aquí se los traemos.

Ashby se había vuelto invisible para Amaya. No preguntó si tenía hambre o sed, nada.

—Siéntese en donde guste, señora, yo tengo que ausentarme un momento, pero aquí queda mi secretario para lo que se le ofrezca.

Ignoraba por completo a Ashby, a Tiburcia y a Platón.

Por toda respuesta Amaya se acomodó en un sofá de cuero y prendió un cigarro. El gobernador salió. Amaya les señaló a Tiburcia y al niño un sitio junto a ella. Ashby tomó asiento y hojeó la revista *Siempre!* que siempre está en las oficinas de gobierno. Platón se durmió con la boca abierta y se puso a roncar como perrito. De vez en cuando tosía dentro de su sueño, una tos seca que partía el alma. Amaya no decía una palabra hasta que al ver que ya no tenía cigarros, aplastó la cajetilla en su mano derecha y le pidió a Ashby:

—¿No podría usted salir a comprarme unos Delicados?

—Sí, claro, y ¿no quiere usted algo de comer?

—No tengo hambre —respondió tajante.

—¿Y usted, Tiburcia?

—Lo que diga la seño Mayito.

En la calle Ashby se sintió desfallecer. Era la primera vez en su vida que se saltaba una comida. Nunca, si su memoria le era fiel, le había ocurrido algo semejante, salvo en el hospital. En una frutería bebió de un hilo dos jugos y se detuvo frente a un carrito de hot-dogs y pidió uno que le supo más rico que en Woodsworth, Illinois, donde compitió sin un solo derribe. En la miscelánea, además de los cigarros, compró cinco Tin Larín y al entrar al despacho gubernamental los puso en el regazo de Amaya. "Me acordé de que a usted le gustan, güerita." Amaya apenas si musitó un "gracias" en voz bajísima. Ashby, entonces, le dio un beso en la mejilla: "Estuvo usted formidable". Nunca antes le había dado un beso y se emocionó al sentir su mejilla, oler su perfume. "Gracias", volvió a decir ella con la misma voz neutra y le dio cuatro de los Tin Larín a Platoncito, que acababa de despertar, y el otro lo guardó en su bolsa.

A los quince minutos, siete campesinos de pantalones sucios y camisas sin lavar pasaron al despacho del gobernador, arrastrando sus guaraches y llevando en la mano sus sombreros de palma. Tiburcia y el niño se precipitaron en los brazos del más alto. Amaya abrazó a cada uno de ellos, se despidió de mano del secretario y le preguntó si él tenía las boletas de libertad.

—Cada uno tiene la suya, señora.

—¿Y sus escrituras?

—También, todo está en regla ¿o no, muchachos?

—Sí, seño Mayito.

Los campesinos se dirigían a ella. Por lo visto la conocían bien.

En la calle dispuso:

—Ahora vamos todos a comer.

Cuando terminaron y echaron para atrás las sillas de Carta Blanca de la fonda que les sirvió comida corrida, Amaya le preguntó a Ashby:

—¿No va usted a pagar?

—Claro que sí —se apresuró Egbert apenado.

—Ahora vamos a tomar un taxi. El señor, Tiburcia, su marido, el niño Platoncito, usted Tacho y yo nos vamos a ir en el coche y ustedes en uno de alquiler.

Regresaron a Temixco, el taxi entre la nubareda de polvo que echaba el Mercedes. Amaya, al lado de Ashby, sólo hablaba con Tacho y con Aristeo, el marido de Tiburcia, quien llevaba a su nieto en brazos. Le contaban con voz lenta todo lo sufrido. Amaya sólo exclamaba de vez en cuando con voz verdaderamente compungida: "Cómo es posible, cómo es posible".

Oscurecía cuando se despidieron. Amaya le preguntó a Ashby:

—¿No les puede usted dar algo?

—Claro que sí, güerita.

Ashby abrió su cartera de Hermès y dejó en ella sólo lo indispensable para la carretera.

—Ahí se lo reparten.

Aristeo no dio las gracias, Tiburcia levantó su voz de tierra.

—Dios se lo pague, seño Mayito.

En el regreso, Amaya terminó su cajetilla de cigarros. Sobre el toldo del automóvil, las estrellas huían en sentido contrario. Iban de bajada y la ciudad apareció como otra inmensa estrella en el fondo del valle oscuro y conmovió a Ashby. Era tan bella como Amaya reclamando los derechos de los campesinos frente al gobernador. Cuando Ashby pudo hablar, le dijo:

—Usted me ha hecho pasar uno de los días más hermosos de mi vida, güerita.

Amaya subió las piernas y se arrellanó sin responder.

Ambos habían olvidado a Nora por completo. Ashby, quien amaba el teatro, repasaba la escena de tragedia griega en que Amaya le daba órdenes al gobernador y pensaba que ningún director podría haber movido con tal sabiduría a sus actores. Esa mujer, ahora a su lado, tenía genio, y no sólo genio, grandeza. ¡Qué privilegio haberla visto, escuchado y llevarla ahora en el asiento delantero!

Al llegar a su casa, a las once de la noche, Amaya preguntó:

—¿Quiere pasar?

Prendió la luz de la sala, sacó el Tin Larín de su bolsa y le dijo:

—¿No quiere usted subir y echarlo al canasto? Ya sabe usted el camino.

—Claro que sí.

Amaya lo siguió por la escalera alfombrada. No se oía un ruido en la casa. Era el mismo inmenso silencio de la carretera de Cuernavaca. Ashby alcanzó el canasto y Amaya aventó sus zapatillas al suelo, se tiró en la cama boca arriba. Desde allí le tendió los brazos y él la tomó como si nunca hubiera conocido a mujer alguna.

A las tres de la mañana, Ashby dormía profundamente cuando Amaya, a su lado en la cama, lo sacudió.

—Ya váyase.

—¿Por qué? ¿Qué no me ama, güerita?

Se había sentado, la sábana en torno a sus pechos dorados. Lo miraba desde muy lejos.

—No.

—¿Por qué?

—Porque nunca ha hecho nada bello.

—Pero nunca he hecho nada feo.

—No lo sé —respondió pensativa.

Ashby quiso abrazarla:

—¿Ya se le olvidó que tiene mujer? ¡Vístase!

De pronto, envuelta en la sábana, se hincó junto a la cama.

—¿Qué hace?

—Estoy rezando por usted.

—¿Qué reza?

—Dije: "Dios, perdona a Ashby por lo que le hizo a su mujer".

—¿Ah, sí? ¿Y para usted no pidió perdón?

—No.

—¿Por qué?

—Porque yo no creo en el matrimonio.

Ashby se vistió. En la puerta de la recámara, la última imagen que se llevó fue la de Amaya sentada en la cama en posición de loto, el pelo rubio revuelto tratando de retener la sábana en torno a su cuerpo desnudo al mismo tiempo que encendía un nuevo Delicados.

En la calle desierta de Puebla, después de que arrancó su automóvil, vio que otro coche llegaba directamente al garage y que un hombre bajaba a abrir.

"Es el marido", pensó con recelo.

Cambió velocidad, metió el acelerador y por primera vez desde que comenzó la aventura con Amaya, pensó en qué diablos podría decirle a su mujer.

7

En las reuniones que siguieron en casa de los Egbert, Amaya evitó estar sola con Ashby y jamás respondió a sus llamadas telefónicas. En cambio, procuraba sentarse junto a Nora, cubrirla de elogios. Ashby, que de suyo tenía sobresaltos cada vez que veía un Chrysler blanco en la calle y no cejaba hasta ver quién lo conducía, empezó a sufrir. Le resultaba difícil ver a su mujer y a Amaya tan hermanadas. La autoridad que Amaya ejercía sobre las mujeres era indiscutible. Las enamoraba. Si a Nora le dijo que parecía un Boticelli, lo mismo hacía con Sabrina, con Aurora, con Celia, con Perpetua, con Armonía. Sus comentarios eran originales y, a diferencia de las estatuas de sal llamadas psicoanalistas, ofrecía soluciones. Las esposas la escuchaban hipnotizadas, sus ojos en los ojos negro profundo de Amaya. Daba consejos de todo tipo en voz baja. "Nora, tus ingredientes son los de la luz, los materiales de los que estás hecha son de una sustancia imponderable, tus colores son los del mar, debes vestirte en tonos que van del magenta al esmeralda, al aqua, al lila. Ésos son los que hacen resaltar tu piel y, en la noche, el terciopelo negro para darte profundidad. Si no lo haces te arriesgas a pasar por el firmamento como una estrella fugaz." "Tú te vistes mucho de beige, Amaya, ya he visto tus trajes de piel de camello, estupendamente bien cortados." "Sí, son españoles: acuérdate, para los trajes sastre, Madrid; para los vestidos de noche, París." "Tú, Dafné, no uses cuellos altos porque te matan. Debes alargar tu cuello con escotes generosos, no seas provinciana. Con esa camisa de cuellito redondo a la Claudine, tu cabeza desaparece entre tus hombros como la de una tortuga." Amaya les contaba de su amistad con Cocó Chanel, ese general de división que después de la guerra condecoró a las mujeres con galones, hombreras, cadenas y botones dorados y las hizo desfilar, enérgicas y flamantes, por los Champs Elysées hasta pasar bajo el Arco del Triunfo.

—Ciertos vestidos traen mala suerte —le contó a Raquel que usaba unos chales lamentables.

—¿De veras?

—Yo lleno un veliz con blusas, faldas y hasta camisones y medias con las que me ha ido mal y lo regalo en el primer semáforo a cualquiera que encuentre. Un día se lo di todo a un policía de tránsito:

—Para su novia —le dije.

—No tengo novia.

—Entonces entrégaselo a tu abuela.

—No tengo abuela.

—Entonces póntelo tú, mi vida.

Hacía reír, su ingenio inagotable era un canto de sirena. Había vivido en otros países. "Es mejor pintarse las pestañas con kohl, como las árabes." "Si caminas con las nalgas apretadas y sumes el vientre nunca perderás los músculos del abdomen." "Mira qué pelo tienes, no vuelvas con ese peluquero, te dejó como palmera."

—¿Y tú cómo le haces para tener esa melena tan brillante, Amaya?

—Me la dejo crecer y no la martirizo.

Al no hablar de sí misma, Amaya disponía de tiempo de sobra para escuchar a los demás y lo hacía con una atención total. Era toda ojos, toda oídos, se eliminaba fácilmente, las hacía sentir únicas, irrepetibles.

—Nunca nadie me dijo lo que tú has descubierto sin conocerme a fondo, Amaya.

—Es que soy mayor que tú —respondía en un nuevo halago.

En cierta forma, Amaya les hacía su carta astral pero mucho más inteligente que la de cualquier pitoniso. Ahora sí, el imperio de Amaya era absoluto. Exigía la cercanía porque, salvo en sus momentos de cólera sagrada, su voz era sumamente baja. A veces era extraordinariamente locuaz, a veces no había modo de extraerle una palabra; sólo fumaba y su silencio daba al traste con la reunión. Era increíble cómo en tan poco tiempo logró adueñarse de tantas voluntades. Intuían en Amaya una devoción hacia algo sagrado, un misterio que de vez en cuando asomaba en la gracia de sus actitudes, pero ninguno hubiera podido asirlo ni mucho menos definirlo. Amaya se les escapaba, por eso les era tan valiosa.

A los diecinueve años —metido en el fondo de su cama de fierro en un dormitorio del Lister Hospital con vista al Támesis— Ashby se había formado una idea casi sobrenatural de lo que es una mujer. Alimentaba su sueño no sólo con el vigor de sus años mozos sino con las imágenes que le brindaban las enfermeras blancas y almidonadas, de ojos azules o violetas y cinturas quebradizas. Le parecían infinitamente graciosas en sus carreras para acudir a un timbrazo, en la inclinación de sus rostros sobre el suyo en el momento de tomar la temperatura, en su brazo de porcelana al sacudir el termómetro, sus labios sorprendentemente rojos en medio de su rostro porque a las inglesas no les da el sol. Olían bonito, era bonito su andar, miraban bonito.

Descubrió que, después de leer, no había nada que le gustara tanto como mirarlas. Ellas eran su única manera de ver pájaros, recordar mariposas, pensar en las libélulas y en las catarinas que traen buena suerte. Qué cosas tiene Dios, se decía. Le comunicó a Alvin Whitehead su descubrimiento.

—Después de los caballos, la manifestación del poder de Dios sobre la tierra son las mujeres. Por favor, explíqueme algo de ellas, de su espíritu, de su fisiología, de su revoloteo, de su aliento.

Hasta la jefa de enfermeras, con todo y su bigote, le parecía un girasol, aunque un poco marchito.

A la siguiente visita, el doctor Whitehead, además de una libreta de apuntes, le llevó un poemario de William Blake y otro de Robert Browning.

Ashby conservó esa sensación de asombro ante la mujer, pero su esposa no la había acendrado. Amaya, ahora, lo hacía volver a su despertar a la poesía, a su descubrimiento de la mujer en aquella cama de hospital, a los zumbidos en el aire que se llevó su infancia cuando pensó: "Yo no pretendo tener todo, yo lo que quiero es ser todo". Restituta no lo entendía pero abría sus brazos, eran como un bálsamo. Esta emoción se parecía a aquella del hospital, cuando en Londres, la enfermera Ángela, la más alta, le pasaba en la noche el peine por los cabellos y la barba para que se viera *"beautiful"* durmiendo. *"You are beautiful, anyway, its just that you may be more so."* Si él creyó enamorarse de Ángela, a tal grado que cada mañana las sábanas amanecían mojadas por nubes blancas que las afanadoras cambiaban sin decir palabra, lo que ahora le sucedía era enloquecedor. Recorría las calles como poseído en busca de Amaya. En aquellos años le preguntó a Alvin Whitehead si un hombre podía morir de amor y cuando el médico le dijo con gravedad que sí, se dispuso a la muerte. Ahora con Amaya lo sacudían las mismas fiebres de su pubertad, se quedaba horas enteras encerrado en la biblioteca; subía a su recámara hasta que estaba seguro de encontrar a Nora dormida y salía durante el día dejándole mensajes con el portero. "Dígale a la señora que voy a comer en el club", "Avise usted que no vengo a cenar". El único día que no fallaba era el sábado, pero entonces su tormento se iniciaba con la aparición de Amaya que fingía no verlo y sólo tenía ojos para Nora. Le daba un beso muy cerca de la oreja o de los labios, enlazaba su cintura y le decía: "Eres mucha mujer". Nora reía sin intentar liberarse.

Ashby accedió a ir a casa de los Díaz Holland porque Nora le dijo que considerarían su negativa como una verdadera ofensa.

—Piensa en el futuro de tus hijos. Se trata de la familia más influyente de México.

—Dios mío, lo que hay que oír.

Nora, entonces, cambió de táctica:

—Es cena sentada, sólo veinticuatro personas y a ti lo que mejor te va es el *smoking*. Eres distinguido de pies a cabeza.

—Nora, por favor.

—Es cierto, mi amor, cada uno de tus ademanes es noble. Hagas lo que hagas, nunca serás vulgar.

—Tú quieres obligarme a ir.

Vencido, Ashby se bañó y se vistió pensando en Amaya. Ella no era convencional. Nora, que pudo salir del molde gracias a la poesía había vuelto a las primeras de cambio. El mundo de Nora era el de los preceptos imbuidos desde la infancia, el de Amaya se extendía bajo un cielo inmenso. Nora esperaba que las órdenes cayeran del cielo y su cielo era el cuadrángulo azul encima de la Sagrada Familia y su casa de la colonia Roma. Era una yegua fina; seguía al pie de la letra las órdenes dictadas, Amaya rompía los moldes, sus zarpazos podían matar, nació audaz, llevaba sobre sus hombros veinte o más años de tomar sus propias decisiones.

Sin embargo, cuando Nora preguntó: "Amor, ¿estás listo?" e hizo su aparición, no pudo dejar de pensar que su mujer, de blanco, con el pelo recogido y la nuca expuesta, era también un personaje que tenía que ver con la belleza de las nubes.

Al entrar, lo primero que reconoció fue la espalda desnuda de Amaya que hablaba animadamente con un grupo. Nora corrió a saludarla, Amaya hizo las presentaciones extendiendo su brazo blanco que lucía una pulsera de diamantes sin dar un solo apellido: Nora, Alfonso, Ashby, María, Víctor, Silvia, Sergio. A partir de ese instante, Ashby no pudo quitarle los ojos de encima. Desenvuelta, parecía la anfitriona. En la obra allí representada, era la primera actriz. Iba y venía sobre sus largas piernas, se quitaba el cabello de la cara con un brusco movimiento de cabeza, reía a plenos dientes de algo que seguramente no era digno de celebrarse, daba la bienvenida a los impuntuales, los invitados venían hacia ella como las mariposas nocturnas hacia la luz.

Ashby que desde luego retuvo los apellidos en las tarjetas colocadas en la mesa, se dio cuenta de que Alfonso era el marido hasta hoy invisible de Amaya y sintió la cuchillada de los celos en la espalda. Captó la mirada descarada de Amaya. A unos metros de su dueño y señor, lo recorría a él de arriba abajo midiéndolo, sopesándolo grosera y, como si no bastara, cigarro en mano vino hacia él preguntándole en voz altísima si sabía, como estudiante de Filosofía y Letras, que el rector de la Universidad estaba a punto de caer.

Acto seguido, Nora se colgó del brazo de su marido, no tanto por Ashby, sino por Amaya.

Sin esperar la respuesta, Amaya se dirigió hacia otro grupo con el mismo donaire ligero y activo que hacía que los comensales la codiciaran. No era ella la dueña pero era la hospitalaria, la cálida, la que abría los brazos. La generosidad de su sonrisa lo abarcaba todo y Ashby se incluyó inmediatamente. No le habría dado más valor a una promesa solemne. La sonrisa de Amaya se dirigía a él —de eso estaba seguro—, a pesar de que se sentara con otros y escuchara a los demás. Cruzaba y descruzaba la pierna sólo para él, echaba la cabeza hacia atrás en medio de una carcajada sólo para él. Se exhibía, impúdica, para él.

La cena, en cambio, fue muy medida, incluso solemne en el comedor sombrío. Los invitados hablaban con sus compañeros de derecha, de izquierda y jamás a través de la mesa. Espléndidamente servida a la luz de los candelabros de seis velas, los rostros se volvían memorables. A Alvin Whitehead también le hubiera complacido esta cena litúrgica y fantasmal.

Durante toda la noche, Amaya y su cónyuge no cruzaron palabra y sólo al final, cuando apenas quedaban unas cuantas parejas, a ella, la reina de la noche, la recogió como un paraguas abandonado en la puerta. Lo que más asombró a Ashby fue que Amaya lo siguiera sin decir palabra y casi sin despedirse. Nora le comentó:

—¿Te fijaste? A Amaya tan brava se la llevó como a un corderito y ni siquiera es un hombre atractivo.

Al sábado siguiente Amaya no se presentó en casa de los Egbert y tampoco respondió a las llamadas de Ashby. En el teléfono, una tal Serafina, de voz desconocida, dijo que la niña Mayito —¿por qué le dirían todos "niña"?— había salido al interior del país.

8

Un mes después, ya cerca de las dos de la mañana, Ashby irritado levantó la bocina del teléfono de la biblioteca. A punto de injuriar al insolente, escuchó la voz de Amaya que, tuteándolo, imploraba en tonos casi infantiles:

—¿Puedes venir a la delegación Cuauhtémoc?

—¿Qué te pasó?

—Luego te explico, ¿vienes ahora mismo?

—¿Dónde es eso?

—Por las calles de Violeta, Zaragoza, Mina, por allí.

—Nunca he ido.

Amaya gritó al aire a un lado de la bocina:

—A ver muchachos, ¿dónde estamos? —Algo debieron decirle porque indicó—: Es en la calle Cristóbal Colón, por allí por el Deportivo Violeta, por Mosqueta.

—Salgo para allá.

Ashby le dejó un recado a Nora dormida y sacó su Mercedes del garage y la Guía Roji de la cajuela. No conocía las calles de nombres de flores, violeta, mosqueta, una rosa pequeña que se da en un arbusto. No había tránsito y como era orientado llegó en menos que canta un gallo. En la delegación vio la cabeza rubia de su amada en medio de un grupo de muchachos, obviamente estudiantes. Dentro de su abrigo de pieles, Amaya volvió la cara y vino hacia él, con un niño tomado de la mano. Para su asombro, en los ojos oscuros de Amaya había miedo:

—Nos quieren encarcelar.

—¿Por qué?

—Por asociación delictuosa, daños en propiedad ajena y daños a las vías de comunicación.

—¿Qué hicieron?

—Una barricada.

—¿Con abrigo de pieles? —sonrió Ashby.

—Ése nos sirve para dormir.

—¿Cómo?

—Tenemos tres días en la calle, lo usamos de colchón.

—¿Usted? ¿En la calle? ¡Nunca dejará de sorprenderme! ¿Quién es ese niño?

—Es el "Todomenso". Me lo regaló su mamá.

El niño mugroso, de manos negras y cachuchita grasienta, no apartaba sus ojos de Amaya.

—Tenía hasta costras verdes dentro de la nariz y una mordida en el cuello. Dice que lo mordió su padrastro. Como no se quería despegar de mí y es medio atarantado, su madre me lo regaló.

—¿Qué?

96

—Es drogadicta —explicó con impaciencia Amaya.

Acercó al niño a sus piernas y lo miró desde su elevada estatura.

—Oiga ¿no tiene usted un cigarrito? Hace horas que se nos acabaron.

Ashby sacó una cajetilla. Amaya tomó uno y tendió la caja a un gordito.

—Acábenselos.

También había miedo en los ojos de los muchachos, todos muy jóvenes y vestidos de mezclilla que se hicieron bola en torno a él como la grey con el salvador.

—La fianza es de tres mil pesos —se secreteaban temerosos de decir tamaña cifra en voz alta.

—¿Usted nos va a pagar la fianza?

Ashby fue hacia el mostrador y abrió su cartera. Dio su nombre y pagó.

Al encaminarse hacia la puerta, los muchachos lo rodearon. Ashby se conmovió al ver el cansancio de Amaya.

—La voy a llevar a su casa de inmediato.

—No sin antes dejarlos a ellos.

—No caben.

—Tomaremos un "libre".

—No, señora Amaya, yo me voy en autobús.

—Y yo vivo aquí cerca.

—Yo sí le acepto el aventón.

Después de dejar a dos de ellos por la colonia de los Doctores y a otro en una esquina —"yo aquí me quedo"—, Ashby respiró más tranquilo. Una vez solos con el niño que olía a orines, Ashby murmuró con gran ternura:

—Güerita, ¿por qué se mete en tantos líos?

—Porque soy una ciudadana.

Lo dijo con la cabeza tan alta que Ashby no tuvo más remedio que enmudecer. Esperó al siguiente semáforo para insistir:

—¿Y qué va a pasar con el Todomenso?

—Se viene conmigo.

—¡¿Va a vivir con usted?!

—Perfectamente.

—Se ve a leguas que este niño está muy dañado...

—Por eso mismo. La Pantaleta, su madre, tiene veinte años y parece de cincuenta de tantas cicatrices. Viven en la calle.

Amaya miraba con ojos penetrantes al Todomenso. Nadie le infundía tanto respeto como los niños. Les pedía su opinión, preguntaba qué deseaban con una intensidad que no dejaba de impresionarlos. No es que fuera maternal, es que los trataba como adultos. Ashby de pronto se lanzó a preguntar:

—¿A usted le gustaría tener hijos?

—Esas preguntas jamás se hacen, no entiendo cómo un hombre educado como usted se atreve. ¡Qué extraordinario mal gusto!

—No se sulfure, güerita, lo hice porque de pronto vi al niño en sus brazos. Pensé que a lo mejor podríamos...

—No tolero las preguntas personales, Ashby, por favor cállese, necesito silencio y usted parece borracho.

—Estoy borracho de felicidad de verla.

—¿Sí?, pues refrene usted sus ímpetus. Yo estoy muerta y el niño también, ¿O es usted tan insensible que no se ha dado cuenta? Venga usted mañana a las ocho de la noche y le explico.

Sería muy menso el Todomenso pero los miraba a ambos con ojos de "Ya déjenme".

Amaya abrió la puerta de su casa totalmente a oscuras y se esfumó en la penumbra jalando al niño como a un perro.

A las ocho, Amaya recibió a Ashby de buen talante. Era otra vez un maniquí de Vogue y en su rostro y en su ropa estaban todos los colores del sol.

Sentado en el sofá con su whisky en la mano, Ashby preguntó:

—¿Y "Todomenso"?

—¡Ay, ése chamaco cochino! Lo fui a devolver en la tarde. Se hizo tres veces pipí en mi cama anoche, no controla sus esfínteres y yo para eso sí que no tengo tiempo.

—¿Lo llevó de nuevo con su madre?

—Sí, y no le cayó nada bien a la tal Pantaleta pero le di treinta pesos y se quedó tranquila.

Ashby se cuidó de no hacer el menor comentario y atornilló los ojos en el líquido amarillo dentro de su vaso para ocultar su expresión.

—Muy bien, Amaya, soy todo oídos.

Desde el suelo, sobre el tapete color miel, Amaya le contó que la Universidad era un trampolín político y que de allí saldría el próximo candidato a la presidencia.

—Bueno ¿y qué?

Sus ojos brillaban y dijo sonriente:

—No me interrumpa, Ashbito.

Resulta que un grupo de muchachos a quienes asesoraba en sus asambleas decidió apoyar a Roberto Cabrera, el chiapaneco, en contra del ladrón de Luis Jiménez y habían impreso volantes en el mimeógrafo de Filosofía y Letras. También acordaron ventanear a Luis Jiménez ante la opinión pública. En la noche hicieron pintas sobre la inmensa barda blanca de su casa y decidieron levantar una barricada en su calle empedrada de San Ángel para atajarlo a la hora en que saliera: "Queríamos darle un susto". Les cayó la "tira" a las diez de la noche. La patrulla llamó a otras tres y cargaron con todos. A ella, los policías querían soltarla, pero insistió en acompañar a los chicos.

—Eso que usted está haciendo es muy peligroso, güerita.

—No puedo abandonarlos, los muchachos confían en mí.

Al día siguiente, quién sabe cómo, Ashby se encontró a sí mismo envuelto en lo que Amaya llamaba "el movimiento". Había que conseguir un equipo de sonido para un mitin en el Zócalo a las cinco de la tarde.

Desde el momento en que Ashby abrió por primera vez su cartera en el juzgado habría de seguir haciéndolo, sin cesar, en todas las circunstancias. Nadie le daba las gracias, esa palabra no se estilaba, los jóvenes le brindaban su confianza y eso debía tomarlo como una concesión, puesto que no tenía ni la edad ni los merecimientos.

En la plaza pública, Amaya, sin tacones, mocasines gringos, pantalón de gabardina beige, camisa de seda color marfil, un suéter de *cashmere* beige también, el pelo brillante, los ojos luminosos, se veía más joven que nunca. Parecía uno de ellos. Era una líder incontestable y seductora. Ejercía sobre los estudiantes el mismo encanto que sobre los *habitués* de los sábados. O quizá más. Algunos la llamaban "señora Amaya", otros "Amayux", "Amayita", "compañera" y uno flaco y alto con el pelo engominado, El Carlangas, se dirigía a ella diciéndole: "mujer". Amaya sonreía y Ashby la sintió feliz.

—Estás autorizado por el Consejo Directivo para asistir a nuestras asambleas —le anunció.

En la asamblea se le ratificó como proveedor del movimiento. Ante el honor inmerecido, Ashby tuvo que salir volando a conseguir un equipo de sonido. Todo se hacía por medio de comisiones y cuatro chamacos se pegaron a Ashby como la miseria al mundo. Comían en fondas, compraban periódicos y revistas cuya existencia hasta entonces ignoraba, visitaban la Universidad a todas horas pero ya no los salones de filosofía o de literatura, sino el Justo Sierra donde se celebraban las maratónicas sesiones en las que el voto democrático y multitudinario decidía el futuro. Ver la atención con la que Amaya seguía los debates y pedía la palabra lo resarcía de carreras, gastos y malpasadas. Su voz adquiría tonos punzantes porque tenía mucho que decir y lo decía enojada, con una gran seguridad. El coraje magnificaba a Amaya, la hacía flamear, su arrebato era una inspiración, los rostros de los jóvenes vueltos hacia ella la estimulaban. Volvía a su butaca al lado de Ashby y ponía su brazo sobre el suyo o se acurrucaba en su hombro como si él fuera su dueño y señor.

Aquellas sesiones los acercaron mucho más que una noche de amor. Incluso en medio del peligro, Amaya tenía a un niño pelos de elote a su lado. Le servía de mensajero. "Es mi sobrino", decía. Ashby no sabía que Amaya tuviera parientes. O "Es hijo de una amiga mía". De pronto, el niño se esfumaba. Amaya, entonces, lo acusaba con violencia. "Me robaba." O de plano encogía los hombros: "Lo mandé a la chingada". A Ashby estas pequeñas presencias le estorbaban. Impedían su intimidad con Amaya.

—Déjelo usted en su casa, Amaya.

—¿Cómo lo voy a dejar solo? ¿No ve que está chiquito?

Ordenaba implacable:

—Güerejo patas de conejo, duérmase aquí en el sofá junto a mi cuarto.

Una noche en la recámara, con Amaya atornillada sobre su vientre, Ashby vio asomarse la cabecita hirsuta del sobrino en turno y se lo señaló a Amaya:

—Oye tú, alacrán, ¿qué cosa espías?

A veces decía que eran sus ángeles de la guarda, otras, los llamaba niños pajes, niños duendes, niños talismán, sanmiguelitos, serafines y luego exclamaba:

—Vinieron a delatarme. Son espías.

—¡¿Cómo?! Si usted fue la que los escogió.

—Sí, pero ya me di cuenta de que alguien me los envió. Este Timoteo es un agente provocador.

—Amaya, por favor, ha perdido la razón.

—A estos escuincles el gobierno los saca de su casa, los escoge tiernitos para darles una buena amoldada...

—Güerita, su delirio de persecución no tiene límites.

—Un día se dará cuenta de que tengo razón, Ashby.

—Es absurdo que vea complots en contra suya en cada esquina, Amaya, absurdo y agobiante para usted y para mí.

—Nadie lo está obligando a que me aguante, lárguese lo más pronto posible.

Amaya podía ser no sólo grosera, sino vulgar.

Un día, uno de sus protegidos la echó de cabeza cuando ella le explicaba a Ashby:

—Este mocoso me abordó en la glorieta de Insurgentes y me dijo que si yo lo adoptaba...

—No, seño Mayito, usted fue la que dijo que quería adoptarme.

—Cállate, chamaco mentiroso, malagradecido.

—Muchas viejas han querido adoptarme y yo tengo a mi mamá, pero allí andan las viejas calientes tras de mí.

—Yo no soy ninguna vieja, cabroncito de mierda.

Alguna vez que Ashby le preguntó por qué su Chrysler olía a pescadería, Amaya le dirigió una gran sonrisa:

—¿Qué quiere usted, Ashbito? Es el olor del pueblo.

Desde que Egbert los sacó de la cárcel, Amaya lo consultaba, sus ojos confiados buscaban los suyos y le contó con orgullo que alguna vez que llegó sola al Justo Sierra, los muchachos le preguntaron inquietos: "¿Y no va a venir el señor Ashby?"

Al final, Ashby iba a dejar a sus casas a algunos del Comité que seguían discurriendo en el Mercedes Benz. Al ver los departamentos y las vecindades en las que algunos vivían, le dio vergüenza su mansión en el Paseo de la Reforma. Ojalá y jamás la conocieran.

Ashby no tenía conciencia del riesgo. Incluso su accidente no le había dado una clara visión de los peligros a los que están expuestos los hombres. Sin embargo, al ver las vecindades, al ir con Amaya al campo, adquirió una súbita noción de la fragilidad. Ésta se acrecentó cuando llevaba el equipo de sonido en la cajuela al Zócalo acompañado por cuatro estudiantes. Uno de ellos, Genaro Serratos, le pidió se detuviera en la esquina de Lorenzo Boturini:

—Tengo que hacer una llamada urgente, ahora vengo.

Pasaron veinticinco minutos y ni sus luces. Ashby arrancó el coche. A las tres cuadras, Raúl Vélez le dijo que tenía que comunicarse con un compañero, que por favor lo dejara y en el momento de abrir la portezuela bajó también, rápidamente, su copiloto, un gordito que no había abierto la boca. Cuando Ashby quedó solo, se dio cuenta del verdadero significado de la palabra miedo. En efecto, el Zócalo estaba lleno de granaderos y faltaban cuatro horas para que se iniciara el mitin. Cuando hizo su entrada el Mercedes Benz, muchos estudiantes se acercaron a saludarlo: "Ashby, Ashby" y esto lo consoló un poco de los desertores. Su corazón latió muy fuerte al ver a Amaya con una brocha con pintura roja en la mano, rellenando las consignas previamente trazadas: "Muerte a los hambreadores". De veras que esta mujer lo sacaba de sí mismo.

El equipo de sonido funcionó, el mitin fue un éxito. Acudieron quizá tres mil personas, en su gran mayoría estudiantes. En la noche, al acompañar a Amaya a su Chrysler, estacionado en Luis González Obregón, se encontraron con el parabrisas y los vidrios rotos y la palabra "Puta" ferozmente repetida en las portezuelas y el cofre. Amaya sólo comentó:

—No me importa lo de puta, sino qué le voy a decir a Alfonso.

Ashby propuso llevar el coche a su taller y dejar a Amaya en su casa. Ya muy noche, después de abrir la puerta, Amaya echó a correr como una niña y subió la escalera de cuatro en cuatro mientras le gritaba a Ashby "Sígueme". Él tuvo su recompensa y no le afectó que a las seis de la mañana Amaya le dijera que se levantara y se fuera. A partir de entonces, las jornadas de trabajo con los estudiantes culminaron en los cabellos de Amaya esparcidos sobre la almohada y en sus ojos negros súbitamente aclarados hasta adquirir el color de miel profunda de los maples cuya corteza herida escurre gota a gota.

9

Ashby se volcó de lleno en Amaya y en sus preocupaciones. Cada vez que leía la noticia de una toma de tierra, como un relámpago se le venía a la mente: "Amaya está allá"; si se lograba un amparo a inquilinos ante la amenaza de desalojo violento: "Detrás de eso debe andar Amaya". Seguramente señaló con la mano las tierras en que podían instalarse los paracaidistas, porque así era ella, una repartidora de lo ajeno. Ashby podía reconocer con los ojos cerrados las acciones en que participaba su amante. "¿Usted cree que soy la mujer maravilla?", rió Amaya con todos sus dientes cuando le contó que estaba seguro de que ella había viajado al estado de Hidalgo al leer en *El Universal*: "Tensión en el Valle del Mezquital, hombres armados con palos, machetes, azadones y fierros exigieron desalojar…" Ashby levantaba la bocina para marcar el teléfono con el corazón en la garganta. Por Amaya descubría que los indígenas de Milpa Alta y Tláhuac vivían en condiciones infrahumanas, por ella se enteraba de un quemado vivo en Chicalachapa, porque según tres campesinos, un retén de soldados quiso llevárselo y opuso resistencia.

En el lenguaje de Amaya aparecía continuamente la palabra "pecado", "pecado social", "pecado por omisión", "pecado de soberbia", "pecado que no se perdona", "pecado mortal", "pecado venial". Una noche, Amaya declaró a todos que era partidaria de la monarquía y que cualquier soberano, por designio de Dios, tenía que ser mejor que el más excelso presidente de democracia alguna. "El pueblo no sabe elegir, no fue hecho para eso." Para ella, la revolución francesa había sido una masacre y la mexicana una revuelta que mató a un millón de hombres, aunque adoraba a Zapata. De la rusa, lo que le fascinaba era el destino de la hija del zar, Anastasia, y hablaba mucho más de ella que de Lenin. De Stalin decía: "Es un monstruo, es repugnante". Sus conversaciones eran desafíos y salpicaba sus diatribas de "Nomás lloviendo me mojo" cuando alguien le preguntaba acerca del peligro de sus aventuras. Curiosamente, al mismo tiempo que usaba palabras de español antiguo como "bellaco", "hurgamandero", "malandrín", hablaba de "esquites" y no de granos de maíz tierno, de quelites en vez de espinacas, de mercedes y no de favores: "Hágame usted la merced de no ser tan canalla".

Ahora que la apoyaba, Ashby adquirió la clara conciencia de que Amaya y su aparente dulzura se metían en todos los líos imaginables. En la cava de su casa, y a pesar de Alfonso, guardó durante días un baúl que le confió un líder campesino coprero "guapísimo, y con un apellido muy poético" y sólo cuando vino a recogerlo se dio cuenta de su contenido: rifles. Ashby, aterrado, le preguntó por qué le había franqueado la puerta y simplemente exclamó:

—Es un Adonis, no podía negarle nada, yo sucumbo ante la belleza.

A Ashby le gustó menos enterarse de que, después de haber escondido su baúl, el hermoso líder Leonardo Cienfuegos le pidió que lo ocultara a él.

—¿Y dónde lo escondió usted, Amaya? —le preguntó Ashby desconfiado.

—Le arreglamos un catre en la cava.

Si Alfonso nunca hacía acto de presencia, era plausible que no se enterara de que su mujer encubría a un guerrillero. Sin embargo, todo lo que rodeaba a Amaya era fluctuante, inasible, hasta tramposo. Una vez, en la carretera a Cuernavaca sentada a su lado, Amaya le pidió que detuviera el auto junto a un ojo de agua:

—Ashbito, ¿no está usted viendo lo que yo veo?

—¿Qué, güerita?

—Aquella mujer toda vestida de blanco del otro lado del ojo de agua.

—No veo nada ¿cuál?

—Mírela usted, tiene la mirada fija dentro de sus grandes ojeras, véala, nos está clavando sus ojos.

—Perdón, Amayita, ¿no será que usted lee historias de espantos últimamente?

Lo mismo le sucedió una noche en la suite de lujo de "Las mañanitas". Amaya lo despertó a media noche.

—Allí está un hombre que no nos quita los ojos de encima.

—¿Dónde?

—Detrás de la cortina. Es un hombre altísimo vestido de frac.

Ashby prendió la luz y fue a revisar.

—No hay nadie. ¡Será que usted se enamoró del mesero que nos sirvió las *Crêpes Suzette*!

Amaya pasó del terror a la animación.

—¡Qué buena facha!, ¿verdad? Estoy segura de que ese hombre me quiere llevar con él. Varios signos muy sutiles me dieron a entender que desea que lo alcance en algún lado.

—¿Dónde?

—Quizá en Alemania, ese caballero es de los Habsburgo.

A Ashby, que nunca los había experimentado, por primera vez en su vida lo atenazaron los celos cuando Amaya le contó con toda naturalidad que el depuesto príncipe Marsilio de Saboya llevaba quince días durmiendo en su casa y que no tenía para cuándo irse.

Entre un golpe y otro, Amaya desaparecía sin dejar rastro y sin decir adiós.

Ashby marcó el número de su amada y, para su sorpresa, una voz clara respondió dando una información precisa:

—La señora salió hace cinco días al norte, a Monclova.

—¡Ay, Dios mío! —fue todo lo que pudo exclamar Ashby.

En Monclova, unos hambrientos habían asaltado un tren cargado de frijol. Levantaron una pesada barricada con piedras y palos sobre los rieles para bloquear el paso y el maquinista tuvo que utilizar los frenos de emergencia. Apenas frenó, las pedradas cayeron encima de la locomotora y cuatro hombres, que por lo visto sabían de máquinas, cerraron las válvulas para detenerla completamente. Entre tanto, los asaltantes abrían los vagones y las góndolas. Ya estaban preparados con palas y diablitos, costales, bolsas, cazuelas, lo que fuera. Hombres, mujeres, niños y ancianos saquearon los vagones. Los niños, encantados, jugaban a resbalarse encima del montón de frijol mientras sus padres corrían con el tesoro en carretillas. Ashby visualizaba a Amaya, la autora del asalto, de pie a un lado de los rieles azuzándolos, su cabello rubio formándole una aureola: "Córranle, no pierdan tiempo, píquenle, píquenle, no sean majes".

Hasta que llegó la fuerza pública con su ulular de sirenas y, al igual que el tren, recibió una andanada de piedras.

A pesar de las pedradas, la policía agarró parejo y se llevó a todos a la cárcel.

—Vea usted nada más. ¿De qué sirvió la cochina Revolución? —se quejó Amaya a su regreso.

Sí, claro, ella participó en el asalto al tren; sí, claro, ayudó a llenar costales de frijol; sí, sí, a ella no le hicieron nada aunque les pidió que también se la llevaran: "No, señora, usted no, ¡cómo cree!", y se vino a México en el Chrysler blanco con un muchachito que ahora dormía en la portería. Pero las cosas no iban a quedarse así, eso sí que no. Volvería al norte a sacarlos a todos de la cárcel.

—Voy a pedirle que venga usted conmigo, necesito un hombre.

—Estoy a su disposición, lo que usted ordene.

Ashby prácticamente ya no vivía en su casa.

Encerrado en la biblioteca, subía a la recámara como ladrón embozado y una noche que ella prendió la lámpara y lo miró con desesperación no pudo soportar la idea de que Nora iniciara en ese momento una lista de agravios en su contra y se fue a acostar a otra de las grandes habitaciones. A partir de ese momento, nunca más volvió a la matrimonial. Pasaba a su vestidor, sacaba chamarras y camisas, pañuelos y los mocasines más cómodos por si tuviera que salir intempestivamente a algún campo de batalla en provincia. Así, sin hablarlo siquiera, Ashby y Nora hicieron *chambre apart*.

Amaya había invadido a Ashby por completo. Sólo pensaba en ella. Tampoco veía a sus hijos y no los extrañaba. A veces los oía correr por el pasillo o reír en el jardín. No necesitaba el contacto físico, los llevaba dentro, sus rostros y sus modos impresos en su alma.

Una tarde, toda vestida de negro, Nora abrió suavemente la puerta de la biblioteca y dijo:

—Necesito hablar contigo.

Con su habitual cortesía, Ashby le ofreció una silla.

—Preferiría que fuéramos a la sala.

—Donde tú quieras.

En la sala, de pie junto a la chimenea, sus manos la una sobre la otra, la figura de Nora tenía una callada dignidad. Hizo un esfuerzo visible para preguntar mirándolo de frente:

—¿Hasta cuándo vamos a seguir así, hasta dónde piensas llegar? Lo mejor es que te marches. Voy a pedir el divorcio.

—¿Divorcio?

—Sí, divorcio.

A Ashby la noticia le cayó del cielo. En los últimos tres meses o tres años o trescientos, Nora nunca le había hecho una escena, ni un reclamo, nada, salvo aquella mirada de desesperación que él sepultó cambiándose de recámara. Nora era su mujer, su posesión, la madre de sus hijos, la dueña de la casa, su novia, su copiloto, su socia, su compañera útil, práctica, eficaz, la garante del buen funcionamiento del hogar, la que aceitaba los engranajes. Todavía el sábado anterior recibió con esplendidez a sus invitados.

—Nora, ¿qué te pasa?

—Quisiera que te fueras a vivir a otra parte, que buscaras un departamento o que volvieras a tu casa de Paseo de la Reforma.

Estupefacto, Ashby sólo acertó a preguntar:

—¿Para qué?

—Quiero que te vayas.

—¿Ya no quieres verme?

—Nunca nos vemos. ¿O no te has dado cuenta?

—Por favor, Nora, dame una explicación.

—Lo he reflexionado mucho, creo que es lo mejor para todos. Jamás ves a los niños, ninguno de los tres te hacemos falta. Tu vida ya no está aquí.

—Pero Nora, vamos a hablarlo, nunca me esperé esto.

Ashby le tendió la mano e hizo el ademán de jalarla para el sofá. Ella, muy pálida, lo rechazó:

—No hagamos escenas de mal gusto, las detesto. Dije lo que tenía que decir. Espero que mañana ya no estés aquí.

Atónito, la miró caminar hacia la puerta, su altiva cabeza en tensión. ¡Qué delgada estaba! El negro la convertía en una figura trágica. Jamás pensó que su mujer tuviera esos tamaños. Después de un momento salió tras ella y en su biblioteca reconstruyó la breve conversación. Nora no había mencionado a Amaya una sola vez. Así como él y Amaya siempre la pasaron por alto, Nora se daba el lujo de no pronunciar su nombre. La expresión de dolor en su rostro lo impresionó. Algo muy grave debía sucederle, nunca antes lo miró así, desde el fondo de un abismo al que él no podía llegar. Ashby provocaría otro encuentro. Tal vez su mujer volvería sobre su decisión, pero su rostro estaba demasiado cargado de tragedia para que sus palabras no fueran ciertas. ¿Cómo es posible que él nunca antes hubiera visto en el fondo de sus pupilas esa profundidad? La descubría. No quería perderla. La recuperaría. Ashby no pensó un solo momento en Amaya. Al escuchar el motor de un coche y un portazo violento salió de su biblioteca. El mozo anunció:

—De parte de la señora.

Le presentó en la charola de plata un sobre blanco sin rotular. Adentro en una hoja, con su letra de alumna del Sagrado Corazón, Nora había escrito: "Salgo al campo con los niños. Espero ya no encontrarte a nuestro regreso. Por favor, llévate tus cosas. No quiero volver a verte sino en el Juzgado."

¿Así es que todo lo tenía preparado? ¿Comunicarle su decisión y salir corriendo? Ashby regresó a la biblioteca. No podía quedarse en la casa de la calle de Puebla. Era de ella. La mayoría de los muebles y todo, salvo los cuadros, era de ella. Tenían una cuenta mancomunada en el banco. De pronto un deseo punzante de ver a sus hijos le llenó los ojos de lágrimas. Decidió salir en busca de un departamento y tomó casi sin fijarse el primero que visitó. Ordenó al mozo que empacara trajes y zapatos. No es que quisiera obedecer a Nora al pie de la letra, es que no sabía qué hacer consigo mismo. Hubiera sido bueno hablar con Santiago Creel pero estaba en Europa. ¿A quién recurrir? Quién sabe cómo reaccionarían sus nuevos amigos intelectuales. Tenía que esperar su encuentro con Amaya en la noche.

Cuando se lo contó, sentado en la penumbra frente al buen fuego de chimenea de la sala, Amaya palió su alteración con una enorme indiferencia:

—Ya no me sigas contando. A mí no me interesan

los problemas personales, mucho menos los de la burguesía.

—Pero tú, Amaya…

—Yo nada tengo que ver, absolutamente nada. Y te aconsejo que no te desgastes en ese tipo de conflictos que no conducen a nada.

Por un segundo cruzó por la mente de Ashby la posibilidad de que Amaya fuese una cabrona. O Nora. Nora no. Amaya siempre parecía mirar hacia un punto indefinido que sólo ella veía. Así confrontaba cualquier situación. Su intensidad lo abrasaba todo. Con razón le gustaba atizar el fuego, llamas que aniquilaban súbitamente la sombra. Los tizones al rojo vivo eran su alimento. Nora, en cambio, obedecía los cánones y seguía al pie de la letra las formas amatorias. Buena hija, buena esposa, buena madre, la vida a su lado se desenvolvía sin accidentes.

Ashby nunca había experimentado tal sensación de pérdida. Ahora que no los tenía extrañaba a sus hijos y creía verlos en otros niños en la calle. Añoraba sus risas y sus carreras, sus "Buenos días, papá", "Adiós, papá", y la clase de equitación a la que él los conducía dos veces a la semana. Su hijo mayor, Rodrigo, seguía sus pasos y pensaba en caballos las 24 horas del día, que para él deberían ser todas de albardón. El otro, Alvin, no, pero en cambio era un excelente tenista. "Lo traen en la sangre", le decían en el Club y esto lo llenaba de orgullo. Ashby III montaba un purasangre de cinco años de edad con un extraordinario porvenir. Su padre le enseñó a concentrarse antes de entrar a la pista y le gustaba verlo con los ojos apretados, ajeno al bullicio en su derredor, la cabeza inclinada, controlando a "Lancelot" y a su propia emoción. Estaba seguro de que ellos preguntaban por él, lo buscaban en las gradas del picadero, extrañaban sus: "Baja los talones", "Retenlo, suavecito, suavecito, siente la cadencia del caballo", "Alvin, ¿qué no te das cuenta, por Dios, de que estás montando a contrapelo? Haz como Rodrigo, sigue el movimiento del caballo, siéntelo, siéntelo". La equitación los hermanaba. Muchas noches tomó su automóvil sólo para pasar frente a su casa y ver la luz prendida en el segundo piso e imaginarlos en pijama antes de poner su cabeza en la almohada. Tuvo que resistir la tentación de tocar a la puerta. Nora probablemente le diría: "¿Qué buscas en *mi* casa?".

En el departamento amueblado el panorama era desolador y Ashby se dejó ir. Ni hablar de los medicamentos o de la crema obligatoria en sus cicatrices, si sus camisas se amontonaban sin lavar y en el refrigerador se agriaba el litro de leche, el cartón de huevos, la mantequilla, el "deme un cuarto de jamón" de los solteros. Él nunca había vivido con asco, ahora la alfombra verde chícharo lo mareaba, los mueblesotes se le venían encima, tortugas gigantes entre los ceniceros repletos de colillas. Todo allí gritaba auxilio. La portezuela del refrigerador al abrirse era casi un ataúd y lo invitaba a meter la cabeza, también el horno. Sylvia Plath lo llamaba desde adentro. Cabeza congelada, cabeza quemada, *tête de cochon*, cabeza de puerco.

Recordó una noche en que Nora, al oírlo decir: "Me muero de hambre", bajó con él a la cocina a prepararle un *sandwich* delicioso. Una botella de vino tinto, dos vasos, la cocina blanca, Nora, el pelo desatado, el cuerpo dividido en dos por el apretado cinturón de la bata. Nora, su Nora, su mujer, repitió la operación de las tiras cómicas: "Soy tu Blondie, tú mi Dagwood", una rebanada de pan, una rueda de jitomate, una hoja de lechuga, mostaza de Dijon ¿o mayonesa?, rosbif, otro jitomate, otra rebanada de pan y… abrieron la boca simultáneamente:

—Nora, nunca he comido nada tan delicioso.

—Ni yo. Tampoco te había visto abrir tan grandes las de caimán —rió.

—Es la primera expresión popular que te escucho, Nora.

—Y no la última.

Felices, uno frente al otro, se amaron. Ashby recordaba ahora con extrañeza que Nora sabía exactamente dónde estaba todo en el refrigerador. ¿Cómo lo sabía si tenía cocinera, galopina, mesero, garrotero? ¿Cómo, si parecía tan desdeñosa en su altanería distraída? Constató en su recuerdo que los de la casa la querían aunque ella guardara las distancias. Algo de ella se le había escapado pero ¿qué? Nora hacía las cosas sin que él se diera cuenta. Era de esos seres que lo invaden todo a fuerza de no invadir nada y ahora Ashby soñaba con ver su sombra en la estancia desolada o sentir que de pronto saldría tras la puerta del baño para anegarlo con su dulzura, con esa eficacia de reloj que hacía que él levantara los brazos y cruzara las manos al invocarla para su escarnio: "Reina del hogar, ampáranos, señora. Emperatriz de lo cotidiano, ruega por nosotros. Proveedora. Mujer sólida. Puntal de puntales, Señora de los pañales y la mamila tibia, de nosotros tu vista no apartes". Qué daría ahora por un gramo de la cordura de Nora. Hacía todo con sus ojos risueños buscando los suyos y esperaba la aprobación que él siempre le escatimó.

Se sorprendió a sí mismo diciéndose en voz alta: "Ella realmente me ama".

Amaya ¿me ama? No, Amaya no es de las que aman.

Una noche en que se atrevió a confiarle a Amaya su desesperación, ella, con su voz dulcísima, le dijo que tenía que pensar que todos los niños del mundo eran sus hijos, aunque no fueran jinetes. "Recuerde usted a Platoncito." En sus palabras, había un dejo de ironía. Era obvio que Amaya era incapaz de compadecerlo y que, de tratarle el punto una vez más, le respondería con desprecio: "Lo que usted me está diciendo son sensiblerías".

Hasta extrañaba a la perra, una siberian huskie de ojos azules, "Loba", que embarneció junto con sus hijos, y al gato callejero, "Gazpacho", que recogieron una tarde de lluvia. Nunca se dio cuenta de que los traía injertados. Algunos de sus libros lo acompañaban pero la biblioteca se quedó allá. Su subconsciente lo había hecho dejar todo, seguramente con la esperanza del regreso, pero para Nora no había reconciliación posible. Amaya lo llamaba de urgencia sólo cuando lo necesitaba. "Estalló un pozo petrolero en Campeche por la criminal negligencia de Pemex, cuyos directores se embolsan el dinero. Hubo cincuenta muertos. Salgo para allá porque me hablaron los disidentes del sindicato. Van a organizar una gran marcha de protesta. ¿Me acompaña, Ashbito?"

Durante el viaje, Amaya no habló de otra cosa y terminó contagiando a Ashby, cuya cabeza se llenaba de barriles de crudo ligero, de porcentajes y producción nacional. Todos los complejos petroleros del país eran más importantes que sus propios complejos. Obsoletos, como lo afirmaba Heberto Castillo; obsoleto él, Egbert, en su apego a la tradición, la familia, los valores de su infancia. La falta de mantenimiento en las tuberías era su propia falta de sustento, la desidia de sus horas antes de conocer a Amaya. Tenía que leer, pensar, actuar. El abandono en los centros procesadores de gas natural hacía que los accidentes aumentaran de una manera brutal, Ashby conocía los accidentes en carne propia, más aún, había ardido como pozo petrolero, pero muy pronto olvidó la lección y dejó de vivir al rojo vivo. Se volvió conformista. Pemex era una bomba de tiempo, Ashby tenía que transformarse en una bomba de tiempo, actuar contra el reloj y no vivir, como hasta ahora, apoltronado en absurdas reglas de etiqueta, jaiboles, convencionalismos.

Amaya parecía saberlo todo del petróleo mexicano

y su fogosidad la volvía tan elocuente como la vio en el despacho del gobernador de Morelos.

—Seguro van a venir otras explosiones en el resto del país: en Chiapas, en Tabasco, en Poza Rica, en las plantas de Minatitlán, de Pajaritos, en el Pacífico, y no sólo eso, las instalaciones de distribución de gas en México hacen peligrar las ciudades porque es fácil que exploten los ductos. ¡Vamos a volar todos! Entre tanto, los funcionarios de Pemex no tienen madre. Se embolsan el dinero con la mayor impunidad. ¿Conoce usted la colección privada de Ramírez Estrada? Tiene hasta un Van Gogh, hace poco compró media docena de Riveras. ¿Por qué, dígame usted, a los ladrones les da por el arte? Me contaron que Diego Rivera va a pintar un mural en la casa particular de Sansores Cordera en Cuernavaca, ¿puede usted creer en asco semejante?

"Sabe demasiado", pensó Ashby, apabullado. Manejaba como experta datos acerca de la ecología, la lluvia ácida, la contaminación de los ríos, el daño a la producción agrícola. Lo sabía todo acerca de los trabajadores más humildes, los que exponían sus vidas para no recibir nada del poderoso sindicato vendido a la empresa, tan amenazantes para ellos como las condiciones en las que vivían.

—Son como el combustible. Si viene un líder decente y prende la chispa pueden resultar un peligro para la empresa. Ojalá. Por eso estoy con los del sindicato independiente que han hecho contacto conmigo. Si conociera usted a las mujeres y a los niños que ahora viven en el lodo aceitoso de un pantano nauseabundo quedaría usted horrorizado con semejante ignominia.

Ashby la escuchaba maravillado. Qué poca cosa era su vidita personal al lado de los grandes problemas nacionales. Ashby se dejaba envolver y Amaya era la clave de su salvación.

Un día intolerable en que el recuerdo de sus hijos atenazó físicamente su corazón, Ashby decidió ir al Club Hípico a pesar de la prohibición de Nora. Sus hijos corrieron hacia él: "Papá, papá". Sentir sus rostros fragantes junto al suyo, sus brazos en torno a su cuello, hizo caer al suelo su soledad, Amaya, Nora, sus días necios. Ashby les quitó sus cascos de montar para ver mejor sus caritas. Alvin tenía los ojos de un azul muy claro, los de Rodrigo eran café oscuro y en ambas miradas Ashby leyó una fe en él increíblemente hermosa. Esa fe le hizo regresar a su departamento pensando que no todo estaba perdido, que los niños, por su sola condición de niños, salvarían la situación. Tal certeza lo acometió como un relámpago y produjo en él un efecto extraordinario; Ashby vibró durante los días que siguieron con un sentido del deber que no había experimentado jamás y que ahora ejercería al ocuparse de sus hijos y de Nora.

10

—No creo que deba visitar a los pobres con abrigo de pieles, güerita.

—Soy como soy.

—Lo suyo es una provocación. También sus pulseras de oro.

—¿Por qué? Que me vean como soy. Me gusta el oro. Además, este abrigo resultó invaluable cuando dormí en la calle. Ya está un poco gastado, me hace falta uno nuevo.

Ashby la miró. Un pensamiento oscureció la admiración que en él crecía hasta desbordarse: "Yo soy el pendejo que le comprará su nuevo mink". Para Amaya, que él se hiciera cargo de todo era apenas lo justo. Que sirviera para algo.

—Su personalidad es la del dador. ¿Recuerda usted los trípticos de los Arnolfini? ¡Ésos sí eran benefactores! Los mecenas de México, si es que así puede llamárseles a esos arribistas, son caquitas de chivo —sonrió Amaya de oreja a oreja.

—Cuando estuve hospitalizado en el Obrero, nunca les dije quién era. No podía. Les conté que era un mozo de caballeriza, mi propio mozo. Me encantó inventarme.

—A lo mejor es lo más creativo que ha hecho usted en su vida, Ashby —le dijo Amaya con una voz dulcísima.

Él la besó diciéndole que ahora con ella todo se volvía creación. "Usted tiene la imperiosa necesidad de correr grandes riesgos, maestra." Se lanzó a contarle que había descubierto que a su lado podría poner una bomba, puesto que ella las hacía estallar todos los días, que dentro de él había un bárbaro pero también un santo, un genio, un príncipe idiota, y algo menos, y algo más.

—¿Ah, sí? —dijo ella displicente.

Dentro de él vivían ahora todas las posibilidades. Al tocarlo, ella lo hizo trascenderse.

—Mi encuentro con usted es para siempre. Antes de conocerla yo era un garabato.

—¿Y ahora qué es usted? —preguntó Amaya.

—Ahora soy su gato.

Ashby sentía que una marea de agradecimiento inmenso subía hasta su garganta, lo ahogaba. Gracias a ella, que era muchas mujeres, tenía el privilegio de salir de sí mismo.

Ashby hubiera querido decírselo pero ella siempre tenía tareas más urgentes que el autoanálisis.

—Con usted vivo colgado entre la salvación y el naufragio y ese estado me hace sufrir.

Amaya lo miraba irónica.

—¡Qué falta de imaginación la suya, Ashbito, y qué inútiles sus mezquinos sufrimientos de rico!

Tenía un odio absoluto a los ricos. "A ésos hay que sacarles todo y dejarlos en la calle, especialmente a los mexicanos, que son los más ramplones del mundo." No obstante, ella vivía como rica sin tener un centavo y no quería ni podría vivir de otro modo. Jamás hubiera aceptado una mascada que no fuera de Cartier. Sus zapatos tenían que ser de Gucci, si no, le apretaban, ¡y esos abrigos de pieles! A Ashby había que reconocerle el talento de su pasión por ella, pero toda pasión paga un precio.

Una tarde fueron a Santiago y se toparon con un cartel en un poste —que por lo bien impreso pensaron que era oficial— con el rostro de Ashby junto al del líder guerrillero Florencio Arredondo bajo la leyenda "Se buscan". Amaya primero sonrió pero después se puso a temblar y le dijo:

—¡Si lo buscan a usted que apenas si es Sancho Panza, a mí me van a aplastar bajo las ruedas de un camión carguero! ¿Quién los mandó distribuir? ¿Qué partido, qué personaje político del sur?

Desde ese día perdió todo control. Tres hombres permanecían veinticuatro horas en la contraesquina de su casa mirando hacia sus ventanas. El teléfono sonaba, Amaya corría a contestar y nada. Finalmente una voz cavernosa advirtió: "¿Ya te fuiste a confesar?".

—Podemos denunciar a la policía espionaje telefónico —le sugirió Ashby.

—¡No, no, ni de chiste! No hay nada más corrupto en México que la policía. A lo mejor son ellos mismos, a sueldo del gobernador de Morelos. ¿Cómo saber? Además, si Alfonso se entera, me mata.

Las alusiones a Alfonso eran escasas, al grado de que Ashby había olvidado su existencia. Se hizo la imagen de un perseguidor, que incluso ausente oprimía a Amaya Chacel. Después de diez días de locura, ante su estado de nerviosismo, Ashby propuso:

—Es mejor que se vaya usted un mes o dos, que le pierdan la pista, yo voy a comprar el boleto, le voy a reservar el hotel, le daré para sus gastos.

—Me parece muy bien, Ashbito. Quiero ir a Nueva York.

—¿A Nueva York?

—Allá tengo amigos, puedo ir de compras, visitar museos, ver teatro. A usted, que tanto le gusta el teatro, ¿por qué no me alcanza? Ándele, anímese.

Amaya se fue y Ashby se hizo a la idea de que era un pozo sin fondo, supo muy pronto que allá gastaría cinco veces más de lo previsto. Escogió el Hotel Plaza e hizo sus compras en Sack's, Fifth Avenue y en Tiffany's. A los cinco días lo llamó por teléfono:

—No pensé que todo estuviera aquí tan caro. Ya se me acabó el poco dinero que me dio, no alcanzó para nada. Jamás pensé que fuera usted un hombre tan avaro. Teniendo tanto, qué le cuesta, oiga. Es de no creerse.

Ashby pensó que a lo mejor tenía razón y corrió al banco sintiéndose un miserable.

126

Se aventó a ciegas. La alcanzó en Nueva York y durante quince días olvidaron las amenazas y los peligros que corrían en México. En la noche, les agradaba escuchar juntos los cascos de los caballos que jalan los *breaks* alrededor de Central Park. En la mañana, a la hora del desayuno, mientras Ashby destapaba un frasquito de mermelada de naranja amarga para su rebanada de pan generosamente cubierta de mantequilla civernesa, Amaya dijo con alegría:

—¿Por qué no nos vamos a París?

—¿Qué?

—Sí, Ashbito, hoy en la tarde llegamos al Laguardia Airport y tomamos el avión. Yo empaco todo.

—Por el momento no tengo ese dinero.

—¿Cómo voy a creer? ¡Es ridículo! Dígale usted a sus empleados que se lo envíen al Georges V. ¿O prefiere el Plaza Athénée? Ahorita llamo a la administración para que reserven...

Ashby, sin habla, obedeció. Después de todo sería maravilloso ver París junto a Amaya.

Al día siguiente descansaban del vuelo en los Champs Elysées. Amaya daba la cara a un sol pálido y le sonreía a Ashby, quien pensó que difícilmente podría ser más feliz. Qué bien habían hecho. Pasaron junto a unos viejos de traje, corbata y abrigo, esos mendigos de París que a veces tienen tan buena facha y se mantienen erguidos dentro de sus ropajes casi reales. Amaya se detuvo.

—Ashbito, deme por favor —y multiplicó los peces y los panes.

Al finalizar, Ashby le preguntó a su amante:

—¿Por qué les dio tanto dinero?

—Porque uno de ellos me recordó a mi padre.

Al otro día quiso hacer lo mismo y al quinto también. Al sexto, ya en la recámara del Georges V, después de haber visitado los Monet en el Petit Palais y explicado a Amaya su significado en un arrebato, porque a Ashby le fascinaba la pintura, Amaya comentó que a la mañana siguiente uno de los mendigos vendría al hotel porque ella le prometió otra limosnita.

—Amaya, aún no me ha llegado el segundo giro de México y ya nos gastamos el primero —se irritó Ashby.

—Seguramente llega. Después de todo sólo es dinero.

—A usted le gusta mucho hacer caravanas con sombrero ajeno —dejó salir Ashby.

Jamás lo hubiera dicho. Amaya fue a sacar su veliz del ropero y tocó el timbre para que viniera la recamarera.

—Que me laven y planchen todo esto. Lo necesito dentro de una hora, hoy mismo dejo el hotel y si no puedo hoy, mañana a primera hora.

No volvió a dirigirle la palabra y pidió que le hicieran su cama en el *petit salon* de la suite.

Al día siguiente iniciaron el regreso y Amaya exigió todo el tiempo asientos separados. Sólo al llegar a México, en el pasillo hacia la aduana, al ver vigilantes empistolados, se acercó a Ashby y apretó contra su cuerpo su mink de reciente adquisición.

—¿Me da el brazo, Ashbito?

—Es un honor que usted me concede.

—¿Me llamará mañana?

—Claro, Amaya.

Al tomar su brazo, Ashby se dio cuenta de que Amaya temblaba. Era capaz de actos de un extraordinario valor pero también podía embargarla una atroz cobardía. El amargo encarnizamiento con el que atacaba a los demás se diluía para dar lugar al desvalimiento. "Todos somos contradictorios —pensaba Ashby— pero a veces, con Amaya, tengo la sensación de estar ante la malignidad."

A Ashby lo descansó no ver a Amaya durante una semana. Tenía varios asuntos que atender y se sorprendió al ver lo mermada que estaba su cuenta bancaria. ¡Qué exaltación haber gastado tanto! Nunca antes había soltado el dinero a manos llenas. Con Nora, tan mesurada, los billetes se le pegaban a los dedos. "Ashby, no necesitamos eso. Ashby, no seas despilfarrado. Ashby, dejaste más propina de lo que nos costó la cena. Ashby, ese impermeable del año pasado te lo has puesto sólo tres veces." Las familias bien eran ahorrativas. Los nuevos ricos malgastaban, de ahí su rastacuerismo.

Lo primero que hizo Egbert II fue correr a la clase de equitación de sus hijos y le conmovió la forma en que vinieron a refugiarse en sus brazos. "Papá, papá." El chofer lo saludó con un correcto "Buenas tardes, señor". Rodrigo montaba cada vez mejor, Alvin mucho menos y sintió por su hijo menor una solidaridad infinita y le dedicó casi toda su atención. Alvin se sentó en sus piernas a la hora de los jugos y las papitas en el bar del club y le confesó que no le gustaba montar.

—A lo mejor me pasa lo que a ti y me quedo sin piernas.

—Pues no montes, hijo. Tu mamá me dijo alguna vez que eras buenísimo para el tenis. Dedícate al tenis. Dile que ya te di permiso. A propósito ¿cómo está mami?

De "muy bien" no los sacó pero se enteró de que tenían bicicletas nuevas y que su vida social era intensa: habían ido a Pastejé, a Estipac, a Galindo, a la hacienda de los Lascuráin y los Souza iban a invitarlos a "La Picuda" en Acapulco. Pasarían también unos días en Fortín de las Flores y en Veracruz con los Ruiz Galindo.

—¡Qué buena vidurria se dan ustedes!

—No menos buena que la tuya —contestó Rodrigo con rencor.

Ashby le dio un largo trago a su whisky mientras sus hijos le pedían al mesero una nueva dotación de cacahuates.

—Sí, somos una familia privilegiada.

—¿Familia? —replicó Rodrigo.

Alvin en cambio seguía acurrucado contra él, sus piernas colgando, y cuando se despidieron porque el chofer vino a urgirlos, se colgó del cuello de su padre como un ahogado al salvavidas. Ashby lo abrazó muy fuerte. "Nos vemos mañana." Frente al volante de su

130

Mercedes pensó que había sido imprudente y que a lo mejor recibiría una orden imperativa de Amaya. "Ashbito, lo necesito." Así sucedió.

Cuando la vio, Ashby no pudo dejar de decirle:

—Es horrible llegar a México y entrar a un departamento vacío, es horrible vivir solo.

—Hay remedio para eso.

—Claro, la compañía. Pero no puedo tener ni un perro porque viajamos demasiado.

—¿Viajamos, Ashby?

—¿No se ha dado usted cuenta de lo mucho que salimos?

—Por lo pronto, invíteme a comer a un sitio muy bonito.

Ashby prefería aventurarse a restaurantes fuera de la ciudad y evadía aquellos a los que iba antes con Nora. Cuando propuso "Las Mañanitas" en Cuernavaca, Amaya palmeó como niña añadiendo:

—Así podemos ir después a Santiago a ver cómo va nuestro asunto.

—¿No podríamos tener un día de vacación de todos los asuntos?

—No, porque entonces nos peleamos.

Amaya tenía razón. Si no estaba poseída por alguna misión urgente, su irritabilidad crecía y estallaba en cólera por razones nimias. Necesitaba el peligro. Alguna vez Ashby le dijo riendo: "Güerita, a usted le hace falta meter las manos en un montón de basura y de iniquidades ¿verdad?" y jamás lo volvió a decir porque recibió una filosa mirada de odio que todavía lo azoraba recordar. Ahora que gracias al tiempo podía verla de más lejos, Ashby recuperaba su mirada crítica. Su paciencia ya no era incomensurable. Cuando Amaya, en la mesa, entre los *hors d'œuvres* y el lenguado, hizo un gesto vulgar levantando el cordial derecho, Ashby gritó:

—¡No haga eso!

Amaya, paralizada, se llevó la servilleta a la boca. No quiso seguir comiendo, tomó su bolsa y se fue al baño. Cuando regresó, Ashby se dio cuenta de que había llorado:

—Nunca nadie me humilló en esa forma, Ashbito —le dijo con la voz más humilde y levantó hacia él una húmeda mirada de perro.

Ashby pidió dos whiskys y fueron a sentarse a un rincón del jardín. Resonaba en el espacio y en el tiempo, en su descubrimiento el uno del otro, el grito de Ashby como una bofetada. Tal vez se tratara de una premonición. Amaya había perdido su urgencia, no desbordaba ya energía revolucionaria, Ashby descubría otra Amaya, su frágil andamiaje, su falta de seguridad a pesar del supremo poder que ejercía sobre los demás. Como era un hombre de absoluta buena fe no se le ocurrió sacar ventaja de su descubrimiento, más bien sintió compasión por esta guerrera desarmada.

—¿Quiere usted que vayamos ahora a Santiago?

—No, quedémonos a dormir aquí.

Nunca Amaya fue tan amorosa como esa noche. Fue ella quien le hizo el amor a Ashby, lo asumió por entero poseyéndolo con un vigor desconocido. Ashby se sintió deseado.

—Eres un macho cabrío —le dijo a Amaya.

Juntos se bañaron, juntos salieron a las diez de la mañana del día siguiente a comprarse cepillos y pasta de dientes. Al pasar frente a una tienda, Amaya señaló: "¡Qué bonito vestido!" y Ashby entró y exigió que se lo pusiera en ese instante. Amaya, con el pelo mojado y la mirada de perro que no la dejaba desde que oyó a Ashby gritarle, era otra y él contempló la posibilidad de que, ahora sí, esa mujer estuviera enamorada de él.

Regresaron a México felices. A los dos días, Ashby buscó a Amaya en su casa sin éxito. Creyó que la nueva Amaya lo llamaría, pero la espera fue vana.

11

También Ashby empezó a hacer su propia vida, puesto que no podía contar de seguro con Amaya. Recuperó algunas costumbres, el club hípico, la universidad, y por primera vez en meses habló con su apoderado. Era importante volver a su mundo para no perder la cordura, porque Amaya, a pesar de los oasis, era un planeta incendiario y el asunto más pequeño se volvía entre sus manos un caos. Girar únicamente en torno a ella era caer en una fiebre virulenta cuyo desgaste lo dejaba en los huesos.

—Ashby, ¿resucitaste de entre los muertos? —le preguntó Maruca Tolentino—. Claro que te ves muy interesante con tu nueva intensidad en la mirada, pero me gustabas más antes.

—Señor Egbert, dichosos los ojos —exclamó el barman Luisito Muñoz al recibirlo en el 1-2-3—. ¿Estuvo usted enfermo? Lo veo muy desmejorado.

Ashby pensó por un momento decirles que había estado en la guerra. No habría mentido. Las acciones de Amaya tenían lugar en un campo de batalla. En una de ésas se miró al espejo. Había cambiado, pero lo que más le sorprendió fue notar lo abultado de sus labios, la sensualidad en su boca. En el rostro demacrado, los labios resaltaban como nunca. Y también los ojos ardientes, inquisitivos bajo las cejas levantadas.

—Te has vuelto un hombre fascinante —le dijo Leonor del Val—. En los *showers* todas hablan de ti. Mujer que tratas, mujer que dejas enamorada.

—¿Cómo?, si no trato a nadie.

—Desde que te separaste de Nora, son muchas las que se te quieren echar encima.

Ashby sonreía. Volver a su mundo era pisar un terreno más mullido que la tierra tepetatosa y árida por la que lo conducía Amaya. Ella era su arriero, él, el compañero de sus quijotadas.

Cuando ella se perdía durante varias semanas, Ashby podía verla con mayor distancia, analizarla con una objetividad que a su lado se venía abajo. Los rasgos de carácter que juzgaba encantadores adquirían otros matices. El hecho de que nunca se dejara retratar le pareció una prueba de su modestia, pero un día la escuchó decir:

—Si pudiera ordenar a los fotógrafos que tomaran sólo mi mejor ángulo, como María Félix, entonces me dejaría.

A veces, el regodeo en sí misma duraba toda la tarde. Sus obsesiones consistían en verse rubia entre morenos, lúcida entre imbéciles, leal entre traidores, única entre vulgares y su imagen corriendo por las calles lluviosas con su gabardina en los hombros, se repetía hasta la saciedad. Siempre había alguien persiguiéndola, bastaba con asomarse para ver el peligro recargado en el poste de la luz, la inminencia de la puñalada trapera. Vivía entre metrallas y fuegos de artificio y se le confundían al igual que los cohetes que a veces son disparos. Fugitiva, defendía a los débiles y a los fracasados por extranjería, porque nunca podría pertenecer a este país de arribistas y rastacueros, porque los ricos mexicanos la enfermaban por innobles, y no era que deificara a los pobres, sino que le parecían la opción más inteligente.

Un mediodía en que Ashby entró al Lincoln en Revillagigedo, el capitán y los meseros le reprocharon su ausencia. ¿Cómo era posible que los abandonara durante tanto tiempo? ¿Estuvo fuera del país? ¿Acaso quería radicar definitivamente en Londres? Ashby se instaló contento en una de las sólidas "caballerizas" de cuero negro, aislada del resto, propicia a la confidencia y hasta a la seducción. Había citado a las dos y media a Santiago Creel, a quien no veía hace meses.

Pidió un martini seco y de pronto escuchó la alta risa de Amaya. De un salto fue en su búsqueda y la encontró frente a frente con Agustín Landeta, su mano sobre la de Amaya.

—¡Ashby, qué gusto! —le dijo ella sin inmutarse mientras el banquero se ponía de pie para las presentaciones.

—¿Estás solo? ¿Quieres sentarte con nosotros? —sonrió Amaya.

Confundido, Ashby murmuró un rápido "No, gracias, espero a un amigo" y regresó a su mesa. Santiago llegó once minutos tarde, cuando Ashby, despechado, iba por su cuarto martini. La comida perdió su encanto. "¿Qué hacía Amaya con ese fulano?" Privado por los celos, de martini en martini, Ashby nunca supo a qué hora salió Amaya del Lincoln, nunca pasó a despedirse y maldijo la privacía de las caballerizas.

Cuando le reclamó una semana más tarde, Amaya airada preguntó:

—¿Qué compromiso tengo yo con usted?

—Ah, bueno, entonces voy a hacer lo mismo —la amenazó Ashby.

—Haga lo que le dé su chingada gana —respondió su amante con mirada negra.

Ashby así lo hizo e invitó a Maruca Tolentino a cenar a El Patio. "Escuchamos a Toña la Negra y rematamos en algún antro de rompe y rasga, Las Catacumbas, Las Veladoras o algo por el estilo." Todavía en El Patio, mientras bailaba en la única forma que podía hacerlo, asido como ancla a su compañera, se desconcertó al sorprender a Amaya. Lo miraba fijamente desde una mesa cercana a la pista.

A los tres días Amaya lo llamó para preguntarle si podía ir a verlo:

—¡Qué gusto, güerita, claro que sí!

—¿Pero no habrá nadie?

"Ya empezamos", pensó Ashby con cansancio y se limitó a responder:

—No, no habrá nadie.

Al entrar, Amaya miró la estancia del departamento como si no la conociera. Después se sentó en el suelo, cerrado el rostro, y comenzó a hablar con una voz muy dulce de la otredad y su significado. Sin dejar de fumar, sin levantar la vista, le dijo en una voz tan baja y por lo mismo inquietante que en los últimos meses él había demostrado una voracidad repugnante por parecerse a ella: Amaya.

—Sí, Ashbito, su avidez por lo otro no tiene límites.

—¿Avidez por lo otro?

—Usted se muere de envidia.

—¿Qué?

—Usted no es nada y por eso quiere ser lo que yo soy.

—¿Considera usted que yo no soy nada? ¿En dónde queda su tan mentada caridad cristiana?

—Como miembro de la clase ociosa, usted, Egbert XXI, no ha logrado nada, absolutamente nada, ni siquiera con su fortuna, y como yo soy la única persona que lo ha ayudado a hacer algo y por lo tanto a "ser" algo —aunque todavía informe, permítame decírselo—, pretende ahora suplantarme.

—No veo cómo podría suplantarla —respondió Ashby sin ironía—, usted es única y yo soy su devoto. Tiene usted razón, Amaya, yo vivía dentro de unos límites que me protegían y desde esos límites percibía al otro. Usted me hizo traspasarlos, vivir en la constante percepción del otro, y lo que usted me ha dado tiene un valor inestimable.

Hizo chirriar el cerillo al encender el Delicados de Amaya. Desde que comenzó a andar con ella, nunca volvió a usar encendedor.

—Soy su deudor de aquí a la eternidad. La sigo con veneración porque lo que usted dice y hace me afecta mucho más que cualquier otra cosa en la vida, salvo mis hijos y mis accidentes. Usted es el accidente que va a salvarme, pero eso no me resta capacidad para pensar.

Amaya le dirigió una sonrisita:

—Usted, Ashbito, no puede desprenderse de mí, usted sólo siente vivir en mí. Antes de mí, usted era una pura nada, como diría nuestro amigo Juan Rulfo.

—Es cierto, güerita, tiene usted toda la razón —repuso Ashby con su acostumbrada bonhomía—, usted me es indispensable y sin usted no podría vivir. A usted la amo más que a mi vida.

—Entonces ¿por qué baila usted con otra? —levantó la voz que se volvió un agudo silbido que obligó a Ashby a taparse las orejas.

Así que todo ese discurso, esas frases hirientes acerca de su nulidad iban encaminadas a un punto: la escena de celos. En aquel momento, el estallido de Amaya tuvo más que ver con un estado de locura que con una discusión filosófica. Gritó, se encaminó a la puerta para que Ashby la detuviera; al no conseguir reacción, se regresó pateando los muebles, aventándolos al suelo. Tomó una taza que estrelló contra el espejo. "Siete años de mala suerte", pensó Ashby. Las escenas de celos son de por sí teatrales, y a los diez minutos, Ashby, con su voz de barítono, la paró en seco, enojado:

—De tanto escucharla, me he dado cuenta de que muchas veces no sabe ni de lo que habla. También he descubierto que no sabe nada de muchas de las cosas que yo sé. ¿Conoce siquiera a aquellos por los que usted mete la mano al fuego?

—Yo se los presenté, no lo olvide, Ashby Egbert. Los he visto todos los días en la lucha.

—¿Los conoce usted?, ésa es mi pregunta. ¿Se ha preocupado por saber de dónde vienen, quiénes son, qué hacen cuando usted no los ve? Porque yo sí, güerita.

Amaya lo miró con sorpresa. Él continuó:

—¿Sabe usted lo que hicieron cuando lograron sacar al rector? ¿Lo sabe? Se fueron treinta de ellos en un autobús de la UNAM y en dos camionetas enviadas por papá gobernador de Sinaloa a su hijito como premio por su triunfo. Escogieron Acapulco y sus playas para festejar, embriagarse y llorar.

—¿Llorar? ¡Por favor! ¿Llorar porque triunfaron?

—Porque en la carretera se les mató uno de ellos que se llama como mi hijo, Rodrigo, un muchachito de ojos verdes. Chabela Avendaño era la única mujer entre ellos. La "Gorda", como la llaman, les dijo antes de salir: "No se lleven esa camioneta, no la saquen a carretera, anda mal, descuadrada, no tiene luces, ya se nos volteó una vez en la colonia Pantitlán". No le hicieron caso. La camioneta no tenía luces, Rodrigo que era un chavito estudioso, el único de ellos que no bebía, solidario hasta las cachas, se llevó la camioneta porque se lo pidió "El Chufas". "Te vas pegadito a la otra, ésa te alumbra, así llegamos, allá en Acapulco la mandamos componer."

Amaya fumaba y dejaba que la ceniza invadiera su colilla.

—Bueno ¿y qué? —dijo insolente.

—Iban en el autobús por el Cañón del Zopilote, cantando —eso es lo que hacen a todas horas, cantar— cuando vieron la camioneta del Chufas regresar con los cuates gritándoles despavoridos que el Rodrigo estaba mal y lo llevaban de vuelta. El autobús esperó el mejor sitio para dar la vuelta, regresaron chutando a Chilpancingo, Chabela entró a la Cruz corriendo y oyó las palabras del médico de guardia: "No tiene remedio. Está en las últimas". Entonces a sus compañeros, los "héroes" del 60, les dieron ataques de llanto, crisis nerviosas, vómitos. La Gorda los cuidó a todos. Decidieron salir a Acapulco de todos modos. "Yo me quedo —dijo Chabela— a esperar a sus padres y ayudar al traslado." "No, tú te vas —ordenó el Chufas—, yo soy el responsable." En Acapulco, lo único que hicieron los pobres diablos fue ponerse hasta atrás de la tristeza, robar botellas, "apañarlas" como dicen ellos, "seguirla" hasta caerse de borrachos. Qué bonita vacación, qué bonito premio a la victoria. Vea usted nada más, Amaya, quién es esta gente a la que usted apoya.

—¡Qué barbaridad, qué horror!

—Volviendo a mi envidia de su personalidad, güerita, el nuestro no es un problema de competencia, sino de convivencia. Su tan mentada libertad no es tanta ni mi abyección tan absoluta. Usted acaba de hacerme una escena digna de mejor causa. ¡Qué buena representación!

—No la representé ni soy buena actriz como otras.

—¿Cuáles otras?

—Sus amigas, las actrices, especialmente ese costal de pecados a quien usted llama...

—¿Vamos a empezar de nuevo?

Esa noche Amaya se quedó con Ashby y fueron mejores amantes que nunca. La noche siguiente regresó, amorosa, dulce, complaciente. Ashby llenó el refrigerador de Veuve Cliquot y caviar, compró delfinios gigantescos para darle a su sala un aire de fiesta, fue a La Esmeralda por un broche de rubíes engarzado a la antigua entre dos enormes dormilonas que su amante, aunque no le gustaran las joyas, ponderó extasiada. Al cabo de ocho días de semejante tren de vida se percató de haber gastado una fortuna.

—Yo no sé usted de qué se preocupa, sus hijos lo van a mantener.

A Ashby se le cayó la quijada de la sorpresa.

—¿Mantenerme? ¿Mis hijos?

—Los hijos tienen la obligación de mantener a los padres, lo dice la Biblia, así que no veo por qué usted no habría de gastar su dinero. ¡Oiga, ya ni yo! He vivido en la quiebra siempre y mire usted, salgo adelante.

"Claro, a costa de los demás", pensó Ashby sin

decirlo. Tampoco era cierto. No había más alto destino para cualquier dinero que las empresas de Amaya. Jamás soñó con mejor inversión. En vez de colocar su dinero en el sector inmobiliario como muchos porfiristas que compraban bienes raíces y acabaron por ser dueños de las calles del centro, Madero, Bolívar, Isabel la Católica, él apostaba a una propiedad única: Amaya. Sería más rico que ninguno de sus compañeros. Con Amaya llevaba una vida brutal, al borde del precipicio. Estaba dispuesto a comprarle un *pied-à-terre* en París, un piso en Madrid, otro en Manhattan, donde ella quisiera, aunque él escogería Suiza, Lausanne o cualquiera de esos burgos apacibles, ronroneantes, los únicos en los que Amaya no podría meterse en problemas.

¿Qué importaba estar un día en la ruina? De todos modos, jamás tocaría los ingresos de sus hijos y Nora también era millonaria. Lo que Ashby no adivinó es que su patrimonio se licuaría entre sus manos al grado de tener que vender su colección de pintura. Amaya devoraba los lienzos a dentelladas con sus exigencias y Ashby extrañaba *El Matemático*, las monumentales figuras de Ricardo Martínez, el Zárraga encontrado en París, sus cinco Leonora Carrington. Pensándolo bien, ¿qué era eso al lado del lujo de contemplar a Amaya?

Por un lado, la valentía de Amaya deslumbraba, tenía visos de heroína, habría podido enfrentarse con su sola lanza a un ejército de tanques, pero por el otro perdía totalmente el control. En el terremoto de

1957, durante una reunión, quiso aventarse desde el balcón de un segundo piso a la calle de Guadiana mientras el Ángel de la Independencia se hacía añicos. Sollozaba en los brazos de Ashby que pretendía salvarla de sí misma y de las oscilaciones de su desquiciamiento. Pita Amor comentó:

—¡Está loca de remate!

Si Amaya no sabía confrontar los fenómenos naturales, desafiaba en cambio a los verdugos. La palabra era su arma y su ira la volvía inmune.

Una noche en que Amaya, después de hacer el amor, aceptó quedarse en el departamento, durmieron abrazados hasta que Ashby, al despertar, sintió su pecho mojado. Amaya lloraba sin ruido. Ashby se asombró. No estaba preparado para verla desmoronarse. Sin saber qué decirle, sólo la apretó y le acarició la frente. Por primera vez sintió temor, por él, por ella, por su desasimiento. Frente a él se abría otra faceta de aquella mujer interminable: Amaya como una niña extraviada.

—Güerita, güerita, cálmese, no llore, yo la quiero mucho.

Amaya lloraba a hachazos, flagelándose.

—¿Por qué llora? Dígamelo, al menos dígamelo, la amo, usted sabe cuánto la amo.

Sobre el cabello de Amaya, las caricias eran las mismas que se le hacen a un niño, a un animalito asustado. Ya, ya, ya, ya niña, ya, ya pasó. Tenerla así, deshecha entre sus brazos, lo afligía y alteraba el orden de su nueva vida, de por sí endeble. Por un momento se coló en su mente una duda pavorosa: "A lo mejor no sabe lo que está haciendo".

Hacía meses que presentía la confusión de su amante. Si Amaya no estaba segura de sus actos, mucho menos él que la seguía a ciegas, aunque ahora no tanto, porque se atrevía a decirle lo que nunca antes. La inseguridad de Amaya no se limitaba a su situación económica, también había un desacomodo gigantesco entre sus ideas, sus acciones, los conflictos que creaba, las emociones llevadas al límite para luego enfriarse y finalmente desaparecer. "Estoy rodeada de desertores", solía decir con rabia.

Si le hubieran preguntado a Ashby qué era lo que según él nunca le tocaría presenciar, su respuesta instantánea habría sido: "Ver llorar a Amaya". Histérica, sí, iracunda, sí, fuera de sí, sí, pero sollozando en esa forma, jamás.

12

Cuando una voz femenina llenó la bóveda para avisar que el avión no aterrizaría en Monterrey, sino que regresaría a la ciudad de México, Ashby, de pie en el aeropuerto, supo que era el fin. También cuando él voló por la mañana, nada podía verse tras la ventanilla salvo la espesa neblina. En un segundo rememoró a Amaya rogándole que fuera a recibir a Monterrey al licenciado Salvador López Rea porque a ella le era imposible hacerlo.

—Es absurdo, güerita, a la que invitaron es a usted.

—Sí, pero yo no puedo y al licenciado le dará gusto que usted me represente.

—Yo no represento a nadie, güerita, si apenas me represento a mí mismo desde que la conozco.

—Por favor, Ashbito, es muy importante para mí, para nosotros.

—¿Para nosotros? ¿Por qué?

—Porque sí. Se lo diré más tarde, le aseguro que es crucial.

—Usted es muy mentirosa, güerita.

Amaya no se enfadó. Con voz melosa y persuasiva, insistió.

—Ya sabe usted que no me gustan los aviones —alegó todavía Ashby.

Total, voló junto a la ventanilla con su cinturón amarrado diciéndose: "Hasta aquí llegué", porque el vuelo resultó infernal/el jet se despresurizó, saltaron las máscaras de oxígeno y pensó en Rodrigo, en Alvin, en Nora, en sus caballos, pero el rostro de Amaya, su mirada de incendio que a veces podía cubrirlo con devoción perruna lo abarcó por entero. La intoxicación espiritual de Amaya era tan densa como la neblina sobre las alas del avión.

Quién sabe cómo aterrizaron. Ashby se fue al hotel y regresó más tarde para formar parte de la comisión de notables que recibirían al licenciado López Rea y a su esposa Guadalupe.

El Boeing (¡qué nombre de elefante!) estaba lleno de hombres importantes de traje y corbata con sus mujeres también envueltas en fino casimir, camisas de seda y bolsas de Hermès —señoras que se pueden colgar de un gancho en la noche de tan planchadas—, secretarios particulares, ayudantes obsequiosos y portafolios de documentos confidenciales, carteras, Búlgari, Rolex, anillos, credenciales del PRI, joyeros de cuero de Aries cerrados con una llave diminuta. Los políticos se saludaron al abordar, se presentaron a sus cónyuges "Mi señora". Sus trajes brillaban tanto que se preguntaban: "Oye, ¿en qué hojalatería te lo cortaron?". Hacían juego con el avión. El país dependía de ellos. El avión debería haberse ido para arriba jalado por tantas ambiciones, tantos planes a futuro. Ninguno tuvo el presentimiento de que éste sería el vuelo más alto de su imaginación.

Ahora el avión había dado la vuelta en la opacidad de las nubes cargadas de malos augurios y Ashby tuvo la certeza de que se dirigían a la muerte. Vio con claridad la alerta general en el aeropuerto, los encabezados en los periódicos, el piloto que hacía desaparecer el avión en un espacio misterioso llamado "mal tiempo", el vacío, lo improbable de algún sobreviviente, las falsas ilusiones. En tierra, desde la torre de control, se avisó a los aviones de Aeronaves de México, de Braniff, de American Air Lines que buscaran sobre la ruta que siguió el vuelo de Mexicana. Respondieron por radio: "Hay muchas nubes, neblina, granizo y lluvia; no podemos ver nada".

Algunos en tierra tenían la esperanza de que el avión hubiera aterrizado en La Habana —después de todo el último informe era que la nave iba fuera de la ruta—, pero la noticia final resultó tan brutal como una puñalada. El avión se estrelló contra el Pico del Fraile, una pared casi perpendicular que forma un ángulo recto con otra cuya cima se encuentra a más de seis mil pies de altura.

Durante toda la mañana la montaña estuvo cubierta por un banco de nubes que fue tal vez la causa del accidente. Desde el kilómetro 20 de la carretera Monterrey-Monclova, el sitio donde cayó el avión se distinguía por una pequeña columna de humo. Diseminadas las partes, a las faldas del cerro se instaló un campamento de brigadas de rescate para buscar los restos en una hondonada ahora sepultura de los pasajeros. De todos los cuerpos, sólo el de López Rea fue identificable porque un pedazo de su saco quedó adherido al cadáver y llevaba la etiqueta de la tintorería con su nombre. Las rocas, los precipicios, los espinos, la montaña que durante todos esos días permaneció oculta, retrasaron la tarea de los montañistas. "No, no, no, yo me conformo con ver una mano o un brazo de mi marido", protestó la esposa de uno de los muertos cuando alguien sugirió una fosa común en el cerro.

El sábado 7 de junio a las siete y media de la noche se dio por terminado el rescate de los restos de las víctimas. En 23 sacos de yute partieron los despojos. Leandro Vega Ramírez, agente del Ministerio Público, se encargó de meter en sobres el dinero, joyas, documentos y otros objetos recogidos en el lugar de la tragedia además de 265 mil pesos en oro.

Al final, cinco cadáveres casi íntegros aparecieron en una barranca. Ashby Egbert, que prácticamente vivió en el aeropuerto General Mariano Escobedo durante aquella semana, pensó que él bien podría ser uno de esos cinco cuerpos milagrosamente intactos. De tener que morir, era preferible hacerlo de cuerpo entero. A pesar de las cicatrices que nadie había visto salvo los médicos y sus mujeres, Ashby amaba su cuerpo alto y flexible endurecido por el deporte.

Nora, sus hijos, Amaya habrían podido reconocerlo. Este pensamiento le produjo una suerte de consuelo. Por primera vez, durante esos días atroces, pudo conciliar el sueño.

Finalmente, el domingo 8 de junio, Ashby regresó a México en avión. Permaneció sentado, su cinturón sobre su vientre duro y no quiso mirar a los demás. A lo mejor todos pensaban lo mismo porque fue un vuelo extrañamente silencioso. Escuchó a una mujer rezar el rosario en voz alta. Ninguna oración vino a su mente. Había pasado dos años de su corta vida en un hospital, había vivido un amor casi intolerable en su desasosiego. Durante un segundo, Ashby se sintió suspendido en el vacío. Un apretado nudo se le deshizo dentro. Sintió como si la neblina invadiese el avión y borrara los contornos de todos y de todo, y se dejó perder en su inmensidad.

Al bajar, encontró en el aeropuerto Benito Juárez un movimiento extraordinario desde que los cuerpos empezaron a regresar a la capital. Lo que quedó de las 79 víctimas fue entregado a los deudos. "Fírmele aquí, original y tres copias."

Todo sucedió tal y como lo previó Ashby, aunque Amaya, siempre revoltosa e inasible escapara a su visión del futuro. Al no poder comunicarse, escondida tras grandes anteojos negros, Amaya fue todos los días por noticias al aeropuerto donde la desgracia hermanó a los familiares que también iban de un lado al otro, pañuelo en mano. Cuando Amaya vio a Ashby Egbert caminar hacia ella, pegó un grito gutural como el de una bestia herida y cayó en sus brazos. Tomaron un taxi, Ashby abrió la puerta del departamento y Amaya lo amó. En la madrugada le dijo suplicante:

—Dame tu pañuelo, cualquier cosa tuya, tu pañuelo. Allá en el aeropuerto todos llevaban algo en la mano, una foto, un documento, un recuerdo, yo no tenía nada. Tu pañuelo, Ashby, tu pañuelo.

Estar en el departamento de Ashby no la consoló. Prendió un cigarro mientras iba de una recámara a otra midiéndolas con sus pasos de maniática. Cayó la noche y, por fin, decidió irse.

—Güerita, pero si no me he muerto, aquí estoy.

—Sí, pero usted hubiera podido morirse.

—No sea morbosa, aquí estoy abrazándola.

—Sí, pero no lo puedo vivir de otro modo; es que sufrí demasiado en tantas horas de espera, sufrí como nunca. No puedo ahora dar marcha atrás: todo el tiempo pienso que usted pudo haber muerto.

—No sea neurótica, güerita, celebremos la vida.

—No, Ashby, no puedo, esto no puede quedarse así. Algo tiene que suceder.

—¿Algo, güerita? ¿Qué más puede suceder que no nos haya pasado ya?

—Algo, algo dentro de mí. Algo, no sé qué, pero algo. Cuando pensé que usted había muerto, algo cambió en mi interior. Tengo que tomar nuevas decisiones.

—¿Decisiones? Si usted sólo se deja llevar por los acontecimientos, güerita, y actúa por impulsos. Siga usted su instinto, sea fiel a su naturaleza.

Al día siguiente, cuando Amaya puso los pies sobre la alfombra de su casa, se dio cuenta de que no tenía nada que hacer. Todas sus ocupaciones habían desaparecido. ¿Era ésa la venganza de Ashby? No, era demasiado noble para hacerle algo semejante, era incapaz de hacerle daño a alguien voluntariamente. Decidió ir sola a Santiago pero al reflexionar en el camino que de seguro le preguntarían por Ashby se dio la vuelta en U en Tres Marías. Llovió y no hubo limpiadores para sus lágrimas que empañaron sus ojos. "Soy la mujer más triste de la tierra", pensó Amaya. Nora, al menos, tenía a sus hijos, ella sólo un pañuelo. Se dio cuenta con amargura de que jamás se habían tomado una fotografía juntos. No tenía ni un ovalito de pasaporte con la frente amplia y noble, la boca llena, los ojos de hombre bueno y generoso de Ashby Egbert.

Al día siguiente también la emprendió a Santiago con el mismo resultado, pero ver paisajes le daba paz. Se hacía la ilusión de que era Ashby el que manejaba y que ella iba junto a él, sus piernas dobladas bajo sí misma, coqueteándole, un cigarro en la boca. Todos los días le dio por salir a carretera en la camioneta que él le regaló. Esos viajes eran su terapia. Regresaba a su casa más tranquila, su alma tapizada de verde.

—Si tanto me quiere ¿por qué no me ha llamado, güerita?

—Necesito vivir mi duelo sola.

—No sea absurda ¿de qué duelo habla si estoy aquí junto a usted?

—Es otro tipo de duelo el mío. Voy a dar un paso más adelante.

—No dramatice, güerita, le aseguro que su conducta es malsana. ¿Qué paso va usted a dar?

—No le puedo decir.

—Es usted incomprensible.

—Sí, yo misma no me comprendo pero no puedo dejar de obedecer a mis estados de ánimo —dijo Amaya con humildad.

—Por favor, güerita, recupere su salud mental.

En otro tiempo, Amaya le habría gritado, ahora sólo le respondió con una sonrisa triste:

—Tengo que llegar al fondo del pozo.

—Pero si estoy vivo, Amaya, estoy vivo.

—No puedo dejar de pensar en el infierno que viví cuando creí que había muerto, no puedo salir de esa trampa.

—Vivamos juntos, hagamos el amor. Estoy vivo, junto a usted, puedo besarla.

—No, Ashby, no, las cosas no son así.

—Está usted enferma, güerita.

—A lo mejor.

—Déjese ya de perversidades. Hoy en la noche voy a ir a tomar una copa al 1-2-3. ¿Me acompaña?

—Ni loca.

—Bueno, pues si prefiere usted llorarme como viuda, la dejo.

Ashby pensó: "Ya se le pasará". Fue al Club a ver montar a sus hijos y sus personas y sus progresos le proporcionaron una gran alegría. Vio de nuevo a sus amigos. Se ocupó de ordenar sus libros en el departamento y mandó forrar de nuevo un sillón de terciopelo. A las dos semanas se dio cuenta de que nada sabía de la loca de Amaya, ya era como para que hubiera vuelto a sus cabales. Habló a su casa y le informaron que se encontraba en las montañas de Guerrero.

Alguna vez Amaya le contó:

—¿Sabe usted lo que hay en el campo? Ratas. Ratas enormes en las casas de campesinos, en los campos de tomate, en los surcos, ratas a medio camino, ratas gigantescas como cocodrilos, ratas monstruosas, ratas. Así vive la gente, en medio de los monstruos.

Su rostro descompuesto reflejaba el terror. Ashby sabía que las ratas de campo son grandes pero no tanto y que permanecen ocultas en las siembras. Amaya era víctima de otros fantasmas: alucinaciones que le impedían vivir. Él conocía el infierno, bajó a él durante los días de espera en Monterrey. Así, pensó, Amaya debía consumirse todos los días. Él no podría soportarlo. Su vida era otra. Se hundió en un sillón del 1-2-3, ordenó un whisky, tomó un puñito de cacahuates ricamente tostados que tronaron entre sus dientes y como estaba solo abrió el periódico comprado en la esquina. Una noticia captó su atención. Un grupo de guerrilleros urbanos fue interceptado por la policía en una casa semiabandonada en el Ajusco y la balacera —dos horas y media— dejaba un saldo de cinco muertos del lado de la policía y siete del lado de los rebeldes. "Dos horas y media de balazos son muchos —pensó Ashby—, los muertos han de haber quedado como coladeras." Los tiros salían desde el interior de la casa y eran devueltos por los judiciales. Los cadáveres eran irreconocibles. El periódico encabezaba la nota con una palabra en grandes letras: "Carnicería". Ashby dio vuelta a la página y leyó otras noticias: "Caen recursos contra pobreza", "Romero de Terreros, arriesgado y soñador", "Persiste nerviosismo financiero", "Ahorcó a su mamacita sin causa justificada", "Conflicto en UHF contra SCT, se unen CTM y CNC contra PRI, PAN, PPR, PPS, ante la compra de CFC y SCT por PEMEX". Recordó cómo a George Orwell, el de "Homenaje a Cataluña", le enfermaban las siglas durante la Guerra Civil de España en 1936. Casi a pesar de sí mismo regresó a la página 2 de la sección C y volvió a leer la información bajo el título de "Carnicería". Pidió a Sergito, su mesero, que le trajera un teléfono y marcó el número de Amaya. La respuesta con voz gangosa: "la señora no está en México", lo tranquilizó.

Alejandro Redo, Chapetes Cervantes, Enrique Corcuera y Pablo Aspe se le unieron. "¡Quihúbole desaparecido! ¿Dónde te has metido que nos has hecho mucha falta?" Sentados, frente a ellos en la mesa, pidió otro whisky. Sí, era buena la vida así, muy buena. Decidieron ir a cenar juntos al Jena. Sólo a las tres de la mañana, en su departamento, se percató de que se había traído el periódico consigo, él, que siempre los tiraba, salvo los suplementos culturales que amontonaba en pilas.

Por alguna razón, quizá de recuperación emocional, Ashby borró a Amaya de su vida en los dos meses que siguieron. ¿No quería verlo?, de acuerdo, no se verían. Sus hijos llenaron el hueco y una tarde, para su gran sorpresa, Nora llegó al Club Hípico a recogerlos en vez del chofer. Mayor sorpresa aún: no sólo lo saludó sonriente, sino de beso. Respiraba abierta a los árboles y a diferencia de Amaya, no construía su propio escenario. Ashby se quedó con la imagen de una mujer llena de gracia. Para despedirse de él, estiró una mano delgada y a Ashby le dio un vuelco el corazón comprobar que no se había quitado su argolla matrimonial. Estuvo a punto de decirle: "*Let's have a drink*", pero algo en sus ojos lo contuvo. Los niños brincaban en torno a ellos, cachorros felices del reencuentro y repetían en coro papi, mami, papi, mami, mira papi, dime mami, como para pegarlos a piedra y lodo de tanto machacar los únicos nombres que contaban para ellos. Exultaban. Cuando Nora arrancó el automóvil y todos le dijeron adiós con la mano a través de la ventanilla, Ashby sintió que con ella quizá no todo estaba perdido y su tórax y su corazón se llenaron de sangre caliente.

Una mañana, casi por no dejar, marcó el número de Amaya.

—Pos qué no sabe, señor, la señora Mayito pasó a mejor vida —respondió la misma voz lenta y gangosa.

—¿Qué dice usted? —gritó.

—Que ya es difuntita la seño.

Ashby azotó la bocina. Le tomó una buena media

hora vencer el temblor que lo invadió y después quiso pensar que seguramente esa pinche vieja imbécil no sabía ni lo que decía. Apuró un whisky solo y otro y un tercero y cuando sintió que la tensión bajaba, tuvo la certeza de que la horrible voz gangosa había dicho la verdad. Después miró durante largo tiempo el ventanal de su departamento y se dio cuenta de que tenía el rostro empapado. Debía hacer algo para saber qué había pasado, a qué horas, cómo, dónde y cuándo. La noticia de la muerte de Amaya lo vació, la sangre se detuvo y supo que jamás podría volver a correr por sus venas como antes. No era él, Ashby, el que murió en el desastre aéreo, era Amaya la que se había matado. Desde el accidente en Monterrey, Amaya supo que iba a morir. ¿Se habría suicidado? Ashby buscó el *Diario de la Tarde*, lo encontró doblado exactamente en el artículo "Carnicería", lo tomó y salió a la calle. Primero dio vueltas en el automóvil. Tenía que saber quiénes eran los "guerrilleros urbanos", como los llamaban. ¿Dónde enterarse? ¿La procuraduría de justicia? ¿La delegación? ¿Dónde, Dios mío? ¿Eustaquio Cortina, el abogado? ¿Quién podría ayudarlo? ¿A quién recurrir? Se decidió por la Procuraduría en San Juan de Letrán. Después de estacionar su Mercedes en Gante, subió en elevador hasta el último piso. Vio a los agentes secretos disfrazados de civil kaki, verde, marrón, con sus burdos pisacorbatas y sus anillos de graduación en tortura, y le parecieron una especie humana distinta y despreciable. Las secretarias de cinturita y melena abultada eran parte de esa fauna sombría. Pidió ver al Procurador y lo miraron de reojo:

—¿Tiene usted cita?

—No.

Finalmente lo recibió el secretario particular del sub-procurador que le tendió la mano, sonriente:

—Señor Egbert, lo conozco, he visto sus fotografías en la sección de Sociales de *Novedades*. El señor Agustín Barrios Gómez habla mucho de su ilustre familia en su "Ensalada Popoff". Yo soy de la familia Pérez-Rodríguez de Guadalajara por parte de padre y de los Martínez-López de San Luis Potosí por el lado materno. Mucho gusto. Tome usted asiento, por favor.

Ashby desplegó el *Diario de la Tarde* y le dijo al licenciado Pérez-Rodríguez Martínez-López:

—Quisiera mayores informes sobre este asunto. ¿Puede dármelos?

Pérez-Rodríguez Martínez-López escrutó el periódico.

—Mire usted, en general no abrimos nuestros archivos pero tratándose de una persona de su alcurnia voy a hacer una excepción.

Pérez-Rodríguez Martínez-López se puso de pie y dio órdenes por teléfono. Regresó hacía el conjunto de sofá y sillones imitación piel y permaneció parado frente a Ashby con la clara intención de señalarle que la entrevista había terminado. Ashby no se movió.

—Señor Egbert, va a llevar algunos días permitirle el acceso a ese caso particular porque se trata de opositores armados al gobierno constitucional del señor Presidente, pero si usted nos hace el honor de regresar dentro de algunos días, podrá examinar en la comodidad de nuestras oficinas el material que tendremos a sus apreciables órdenes.

—Esto no tiene ni tres meses, no ha de ser muy difícil localizar el expediente, tengo una gran urgencia...

—Mire, para que vea cómo lo aprecio, venga usted mañana en la tarde. Yo mismo pondré el expediente en sus manos, claro, con carácter confidencial.

—Necesito verlo ahora mismo.

—Es imposible, tiene usted que esperar a mañana.

Ashby pasó la noche y la mañana siguiente sostenido por su botella de Chivas Regal. No pudo probar bocado. A las tres de la tarde se dio cuenta de que debía bañarse y rasurarse para ir de nuevo a la Procuraduría.

Cuando el secretario del subprocurador le abrió la puerta de un privado y le dijo que se sentara porque iba a poner las evidencias del caso frente a su ojos, Ashby tuvo un desfallecimiento y al mismo tiempo, la esperanza loca de que su corazonada fuera falsa. El secretario se excusó:

—Lo dejo solo, tengo que acompañar al señor subprocurador a su acuerdo con el señor procurador, que tiene acuerdo presidencial en Los Pinos con nuestro primer mandatario. Cuando termine, por favor, le avisa a la señorita Jennifer Jacqueline mi secretaria.

Ashby sólo respondió con un ronco "Sí". Pérez-

Rodríguez Martínez-López esperaba que Ashby se deshiciera en demostraciones de gratitud y se echara en sus brazos llamándolo hermano, pero no enseñó su decepción. "Este tipo está enfermo —pensó—, como todos los de su clase, es un degenerado. Lo noté desde un principio en sus ojos enrojecidos y en su voz cascada." Cerró la puerta tras él.

Antes de abrir, Ashby respiró muy hondo. Ojalá hubiera recordado llenar su anforita de whisky para darse fuerza, pero no. Estaba solo. Tuvo muchas dificultades para leer el acta con esa jerga abominable de los legistas. A medida que avanzaba, empezó a adquirir la certeza de que Amaya nada tenía que ver con esas jerigonzas y mucho menos con el hecho que las provocó. Jamás se había presentado a las once de hacía tres meses en esa casa del Ajusco con un cargamento de armas, jamás había disparado desde ventana alguna. Estaba a punto de cerrar el expediente, un gran alivio subiendo por su garganta, cuando otro sobre atrajo su atención. Era el de las fotos. Sintió ganas de vomitar. Carnicería era la palabra exacta. Las fue volteando rápidamente boca abajo para ya no verlas. El asco lo atenazaba. La última captó su atención. Como las otras, era un amasijo de sangre y trapos, pero sobre un fragmento de cuello vio la cadena de oro con el dije. Era la de Amaya. Ashby la volteó con mayor lentitud que las otras, la miró de nuevo y con gestos de autómata las metió todas en el sobre amarillo, puso la liga en torno al expediente, hizo a un lado el paquete y supo que no podría controlar el enorme sollozo que subía desde aquel espacio dentro de su cuerpo donde el pensamiento le dolía mucho.

A la media hora, Ashby, tembloroso y a punto del desvarío, salió de la Procuraduría sin que los guaruras parecieran inmutarse. Demasiado acostumbrados al espectáculo del sufrimiento, lo vieron dirigirse a la puerta y salir al tráfico de la avenida San Juan de Letrán.

"No es cierto, no murió, es un error. Amaya se merecía una muerte bella. La muerte de una mujer así tiene que ser poética. Así no. Es un error. A Amaya no puede haberle tocado ese fin brutal, grotesco, dislocado." Amaya tasajeada. Sus pies por un lado, cercenados, Amaya que tenía cosquillas en los pies, como descubrió la primera vez que los besó, Amaya monigote. No degollada. Es un error. Tiene que ser un error. Amaya la mujer más culpable de la tierra, Amaya con sus aves marías y sus padres nuestros, Amaya hincada, Amaya de pie frente al político, la más airada del mundo, Amaya sin pasado, sin parientes, Amaya casada con un fantasma, Amaya con sobrinos inventados, puesto que presumía de ser un hecho aislado, de haberse dado a luz a sí misma, Amaya cuyo nombre era vasco y significaba nada menos que el principio y el fin, eso era ella, de eso presumía, de principio y de fin, Amaya sórdida, Amaya purificada en cada uno de sus pedazos.

Empezó a llover y Ashby tardó en darse cuenta porque otro cielo se le había despeñado adentro. En-

ceguecido por la lluvia acertó a accionar los limpiadores. Dentro de él, giraba su obsesión. No, no puede
ser, es un error. Pero allí, en ese fragmento de carne
informe brillaba la diminuta cadena. No es cierto,
estoy loco, hay miles de mujeres con cadenas en el
cuello. Pero ninguna como la de Amaya, con sus
eslabones de esmalte blanco, la cadena de su Primera
Comunión, la que jamás se quitaba. Mi amor. Mi
amor, no se vale. No se vale morir antes. No se vale
morir sin mí. Dijiste que nos tocaría juntos. Mentiste.
Siempre mentiste. Nos íbamos a ir de la mano ¿recu-
erdas? Traidora. Veías traidores hasta en la sopa y
fuiste la primera en traicionar. Y yo que no estuve allí
para protegerte de tu miedo, tú, Amaya, heroica,
Amaya temerosa hasta dejar de respirar, Amaya blanca de miedo, loca de miedo. Amaya, ¿no te das cuenta
de que me mataste también? Amaya, eras muchas
Amayas, cada una peor que la otra, cada Amaya mejor, sí, mejor, mejor, mejor.

Ashby pensó que hubiera querido ver su último
rostro, enterrarla, cubrir su tumba de flores blancas,
escuchar llantos, pésames apagados y voces que dije-
ran el rosario, las misteriosas y bellas jaculatorias, y
que un sacerdote guapo, el padre Carlos Mendoza
(Amaya no habría tolerado un gordo panzón) dijera
misa de cuerpo presente con olor a nardos y a incienso. A Amaya la excitaban el olor a incienso, las pilas
de agua bendita ante las que hacía una señal de la cruz
elaborada, los confesionarios en los que seguramente
decía puras mentiras. Era parte de su confesión:

—¿Por qué mientes tanto, hija?

—No lo sé, es mi naturaleza.

Le fascinaban los rituales, primero los de la corte, luego los de la iglesia.

Durante un mes, Ashby no salió de su departamento, casi no comió y finalmente dejó de beber. Aun en las devastadoras crudas, Amaya era su delirio.

Cuando por fin volvió a la vida decidió ir a ver a sus hijos al Club.

—Me voy de viaje, ustedes están bien, no me necesitan.

No lo contradijeron. Su padre les importaba, sí, pero un poquito menos que el nuevo caballo que galopaba en el picadero: "Black Velvet", un regalo de Nora. El nombre se lo puso ella y Ashby la recordó toda de negro, su pelo también terciopelo. Ese caballo bueno en la pista de salto y bueno a campo traviesa tenía la virtud de no distraerse jamás. Lo meterían primero a la pista tipo *steeplechase* y luego lo lanzarían al *cross country*. Alvin le había perdido por completo el miedo a montar y le arrebataba la palabra a su hermano. "No les hago falta" se convenció Ashby, aunque al volver la cabeza antes de subir al Mercedes vio que también Alvin dirigía hacia él su perfil sensible encima del cuello blanco de su camisa y su casaca roja.

Ahora tenía que deshacerse del Mercedes. Fue una especie de amputación. El dueño de la agencia de autos de segunda mano quedó encantado. "A éste sí que lo hice buey. Pagué una bicoca. Pobre tarado. Todavía me dijo: Me lo cuida usted mucho." Ashby malbarató su departamento, se deshizo de los muebles y sólo metió en un veliz lo indispensable: su ropa más usada. Regaló los trajes, las corbatas y en una carrera dejó un paquete con su Rolex, su llavero de oro, mancuernillas y cinturones de Ortega en casa de Nora. Ni siquiera escribió en la caja: "Para mis hijos". Al abrirla, Nora reconocería todo.

Veliz en mano, tomó el metro y bajó en la estación Taxqueña. Pensó que así, enchamarrado y con tenis, no se distinguía de los demás usuarios. En el vagón todos dormitaban.

Al entrar al baldío, lo primero que lo atosigó no fue la mugre ni el abandono, sino el olor. El Gansito vivía con sus cuates del alma, bajo un techo improvisado. Era el único que había vuelto a ver en todos esos años. Un día en Taxqueña se lanzó sobre el parabrisas del Mercedes con su botella de agua jabonosa preguntando sin verlo:

—¿Se lo limpio, patrón?

El Gansito no lo reconoció y Ashby agradeció a la corte celestial su distracción. Sin embargo, quedó impresionado y un mediodía fue a buscarlo a Taxqueña porque le dijeron que allí dormían muchos chavos de la calle. Lo encontró tirado en el suelo sobre el piso de concreto de una bodega abandonada. El Gansito entonces sí lo reconoció. La alegría en los ojos del muchacho fue un regalo inmerecido para Ashby. Despertó a los demás, entre otros a una muchacha toda arañada que jamás logró articular palabra. Ashby reconoció a la Carimonstrua.

—Vengan, conozcan a mi cuate Ashby. ¿Te acuerdas de mi vieja, güey?

El Gansito lo llevó a la Guerrero, a la fonda de don Lolo, afanado y sudoroso tras de las cacerolas de arroz y chicharrón en salsa verde. El abrazo de don Lolo fue húmedo de amor y de hervores.

—¿Cómo te ha ido, hijo? Fuiste el único que se desapareció. Todos los compas del Obrero nos hemos seguido viendo estos años, echándonos la mano. Somos una familia, ya contigo está completa.

—Los he echado de menos. Lo que pasó es que mi patrón me mandó con las bestias al otro mundo. Todos estos años estuve en el extranjero con él y me trajo en chinga. No tenía tiempo de escribirles ni unas líneas. Ahora ya dejé esa chamba y aquí estoy, como el hijo pródigo, al pie del cañón. Quisiera encontrar un cuartito por aquí.

—Eso está fácil, hay muchos en la calle de Niños Héroes, también hay en San Juan de Letrán, en Hidalgo si quieres, pero queda más retiradito. ¿Y ahora de qué la giras?

—De maestro. Tengo mis certificados. Voy a ir a la Secretaría de Educación Pública a ver qué me resuelven.

Don Lolo se entusiasmó:

—Muchacho, cómo has avanzado. ¿Así que te hiciste maestro? De veras que te felicito.

Don Lolo le dio otro largo, apretado abrazo.

—¿Cómo está Genoveva? —preguntó Ashby.

—Sigue trabajando con la misma señora, ya ves que esa patrona le salió buena gente. Genoveva quiere bien a doña Lupita Loaeza, que así se llama.

—Me encantaría saludarla.

—¡Ah, qué bueno, ella también te recuerda a cada rato! En tanto tiempo, nunca te ha olvidado. ¡Y mira que han pasado los años!

—¿Cómo la localizo?

—Claro, mira, apunta su teléfono.

—Y de su señora, doña Goyita, ¿qué me cuenta?

—Se nos adelantó hace cinco años; el cáncer, ya sabes. Dios la tenga en su santa gloria.

Al atardecer, Ashby se encontró instalado en un cuarto con ventana a los toldos de lona de los puestos callejeros de Niños Héroes. Era ruidoso pero en el baño la regadera, por quién sabe qué milagro, tenía una potencia enorme. Colgó en el ropero de pino sus pocas pertenencias y se sentó al borde de la cama dura. Era necesaria una lámpara de cabecera y se compraría una mesita de palo en La Lagunilla. ¿Lo que había vivido era ficción? ¿Lo que ahora vivía era realidad? En la noche, antes de apagar la luz, rezó por Amaya. Pensó que a ella eso le habría gustado. "¿Por qué no supe detenerla?", se preguntó como lo hacía cada día desde su muerte. ¿Por qué no me la llevé a otro país? Ella hubiera aceptado, estoy seguro, en realidad era como una niña atrabancada y grosera, sí, sí, eso es lo que era, una berrinchuda genial. Debí esforzarme, razonar con ella, pero preferí la huida.

Este soliloquio que lo desvelaba hacía meses también lo conducía, mal que bien, al sueño, y a la mañana siguiente, después de desayunar en la cafetería Coatepec, Ashby se dirigió a la Secretaría de Educación Pública. Amaya ahora era su sombra, lo seguía en sus quijotadas, era su Aldonza y a la vez su Sancho Panza. De heroína de caballería pasó a ser escudera silente.

Todos los días Ashby comía en la fonda de don Lolo.

—El domingo vamos a traer aquí a la palomilla del Obrero, dile a Genoveva, hazme el "plis", yo busco al Gansito y a la Carimonstrua, yo disparo, Eulogio.

—Don Eleazar ya casi no ve, se cae de viejo y nomás se la pasa diciendo incoherencias de los aztecas, pero yo creo que con esto se va a poner requete contento.

El domingo fue día de fiesta, a pesar de la vejez, a pesar de la droga, a pesar de la muerte. Cada uno fue contando su vida (con excepción de Eleazar, que volvió a contar la de Moctezuma), acodado en el mantel de plástico a cuadritos amarillos y blancos. A partir del momento en que se dejaron en el hospital habían vivido existencias de película. Hasta la Carimonstrua parecía concentrarse en el momento:

—Pues sí, aquí le seguimos tupiendo duro a la sustancia pero no le hacemos daño a nadie, y lo estás viendo, somos de güevos, somos tu raza, tú eres mi *brother*, yo soy tu *sister* y El Gansito mi camote y hay respeto.

—Eso, respeto —dijo El Gansito.

—Claro, respeto —completó Ashby.

Nada había cambiado gran cosa y eso tranquilizó a Ashby. Cuando le tocó su turno, empezó a hablar en voz muy baja, rindiéndole homenaje a Amaya. A medida que se reinventaba, sus palabras le producían la más honda emoción desde la muerte de su amante inasible, su amante bruja y cómplice a la vez. Reafirmó lo aprendido años atrás en el Hospital Obrero: que era posible tener la vida que creaban las palabras. Genoveva abría sus grandes ojos y a Ashby le gustó volver a encontrar en ellos la misma mansedumbre. Dieron las nueve de la noche y no se habían movido, ni siquiera para ir al baño. Ashby entonces supo que su vida, cualquiera que ésta fuera, valía la pena, puesto que los tenía a todos pasmados, detenidos dentro del más profundo silencio. "Voy a ser un buen maestro", pensó con gratitud.

En su interior, Amaya se había ido haciendo cada vez más joven. Su risa, el movimiento de su falda al caminar, su collar de perlas, lo mecían durante horas. Una noche, en la pulquería Los Llanos de Apan, Ashby tomó de la mano a un mesero de delicadas maneras. "Véngase, vamos a bailar usted y yo." El muchachito bailaba con gracia, platicaba con gracia, se enojaba con gracia. Ave Amaya llena de gracia. Amaya siempre con él, incluso durante sus encuentros con Rodrigo y con Alvin, que ya no se daban en el Club, sino en el kiosco morisco de Santa María la Ribera, otra extravagancia de Ashby según Nora.

—Es que no hay camiones que lleguen hasta allá, hijos.

—Pobrecito papá, tienes un agujero en la suela de tu zapato.

Viajar en el metro era una aventura cotidiana. Apenas se cerraban las puertas automáticas, una señora irrumpía con su canto de arrabal, otra declamaba "Cultivo una rosa blanca en junio como en enero para el amigo sincero que me da su mano franca", unos jipis tocaban música andina, dos jovencitas se secreteaban y cubrían sus risas con las manos, el estudiante lo miraba con recelo, la del rebozo dormía con la boca abierta. Estaba cerca de la gente. No entendía cómo había podido vivir tanto tiempo lejos, "Quién sabe dónde chingados", diría Amaya. Ya no se sentía solo. Bastaba que la señora del suéter cerrado por un alfiler encima de su mandil se sentara a su lado para que la convirtiera en su mamá, en su tía, en su mejor amiga.

Le gustaba su vida, enseñar, leer, sentarse al solecito, comer despacio los domingos en la fonda de don Lolo con sus cuates. Le salía barato. Jamás pedía carne porque una vez que cortó un T. Bone, Amaya le preguntó horrorizada: "¿Va usted a comer carne roja?".

Todos lloraron a don Eleazar cuando murió.

—Entrego mi alma a nuestro señor Huitzilopochtli y a nuestra madre Coatlicue; también a ti, hermana Coyolxhauqui —fueron sus últimas palabras.

Don Lolo se echó unos cafés con piquete de más durante el velorio en una funeraria del IMSS y preguntó a Ashby por qué no se había fijado en Genoveva.

—La muchachita no se ha casado por ti, ¿lo sabías?

Ashby sintió tristeza. Fue hacia ella y la tomó suavemente de los hombros para consolarla.

También en la calle las mujeres le sonreían y si podían se le insinuaban. "A mi edad soy galán", sonrió Ashby. Más que galán, se había vuelto extraordinariamente hermoso. Su cara, sobre todo, tenía una nobleza de patricio y sus labios una sensualidad que destacaba cada vez más dentro de la delgadez de su rostro. Su frente ancha bajo los cabellos grises, admirable. Amaya seguramente lo cuidaba desde el cielo, hincada en una nube, sentada al lado de Dios Padre, exigiéndole a voz en cuello que nada se le marchitara adentro.

"Papacito, eres un cuero", se formó una secretaria tras de él frente a la ventanilla de los cobros. También la cajera retenía su mano entre las suyas al pasarle su mísero sueldo. La vida sabía a calle y la calle, todos lo sabemos, resulta de lo más entretenida. Ashby tardaría mucho tiempo en descubrir que su salvación tampoco estaba en la colonia Guerrero, ni en la sonrisa desdentada de la Carimonstrua, ni en la comida de don Lolo bajo su letrero: "Hoy no fío, mañana sí". Parecía estar oyendo a Amaya reconvenirlo: "No seas maniqueo, Ashbito".

Al abrir el suplemento *México en la Cultura*, Ashby se enteró de que Nora había publicado un libro y llamó a sus hijos:

—¿Así que mami volvió a la poesía? Díganle que me mande un ejemplar.

Todo volvía a su lugar. *Tout est bien qui finit bien*,

les dijo a Alvin y a Rodrigo para que se lo preguntaran a su profesor de francés. ¿Viviría para la próxima reunión? Claro que sí. Todavía nadie le decía "cuidado con el escalón". Por lo pronto tendría que preparar lo que les contaría a sus hijos y anticipaba desde ahora los ojos claros de Alvin, su asombro y su devoción. La vida que se había fabricado para don Lolo, Genoveva, El Gansito, también la fantaseaba para Rodrigo y Alvin cada diez días. Era su forma de preservar a Amaya. Ir por los días sin un punto determinado significaba ganar horas para estar con ella. En la noche tenía mucho tiempo para pensarla.

Alguna vez, después de su muerte, llamó a la casa de los Chacel fingiéndose director de una galería de arte para preguntar por los coleccionistas de la obra de Amaya.

—¿Cuál obra?

—Su pintura.

—Amaya jamás pintó.

—¿No era pintora?

—No, señor.

Los dos colgaron. Estaba seguro de que quien le contestó fue Alfonso. O ¿existiría Alfonso? Y de ser así ¿fue en verdad su marido? ¿Quién era aquel hombre llamado Alfonso Chacel al que vio sólo una vez, durante aquella cena y a quien Amaya seguía sin chistar? ¿Otro fantasma de Amaya? Habría de aprender una lección: con Amaya siempre era mejor suponer que afirmar. Por cierto, ¿realmente se llamaría Amaya Chacel?

Las dudas de Ashby acabaron por perderse en el barullo del centro y sus calles pululantes de gente que camina y de perros que también van de aquí para allá a veces con la cola en alto, a veces con la cola entre las patas. Caminar. Es bueno caminar. Con Amaya se esfumaron los deseos de salvar almas, inclusive la suya propia. Ahora lo sabía: al Ashby que avanzaba trabajosamente, al Ashby hipnotizado que andaba solo, lo acompañarían, hasta el fin, el bosque de prodigios, la carretera a Cuernavaca en la que de repente saltaban los tigres, el pueblo de Santiago casi a la sombra de las montañas tepoztecas, los pozos petroleros enrojeciendo la noche, los volantes mimeografiados, las marchas, los mítines, las calles, la Carimonstrua y El Gansito abrazados y, arriba, Amaya y el vuelo largo de las aves del cielo.

La edición consta de 7,500 ejemplares.
Impreso en febrero de 1997 en **Litoarte, S.A. de C.V.**,
San Andrés Atoto No. 21-A, Col. Ind. Atoto,
Naucalpan, 53519, encuadernado en
Sevilla Editores, S.A. de C.V.
Vicente Guerrero No. 38,
San Antonio Zomeyucan,
Naucalpan, 53750,
Edo. de México.